생명에 이르는 문은 작고
길도 좁아
찾는 사람이 적다.

마태복음 7장 14절, 현대인의성경

좁은 길에서
만난 하나님

지은이 | 김범석
초판 발행 | 2012. 11. 19
4쇄 발행 | 2020. 10. 12
등록번호 | 제3-203호
등록된 곳 | 서울시 용산구 서빙고동 95번지
발행처 | 사단법인 두란노서원
영업부 | 2078-3333 FAX | 080-749-3705
출판부 | 2078-3444

책값은 뒤표지에 있습니다.
ISBN 978-89-531-1821-8 03230

독자의 의견을 기다립니다.
tpress@duranno.com   http://www.duranno.com

두란노서원은 바울 사도가 3차 전도 여행 때 에베소에서 성령 받은 제자들을 따로 세워 하나님의 말씀으로 양육하던 장소입니다. 사도행전 19장 8-20절의 정신에 따라 첫째 목회자를 돕는 사역과 평신도를 훈련시키는 사역, 둘째 세계선교(TIM)와 문서선교(단행본·잡지) 사역, 셋째 예수문화 및 경배와 찬양 사역, 그리고 가정·상담 사역 등을 감당하고 있습니다. 1980년 12월 22일에 창립된 두란노서원은 주님 오실 때까지 이 사역들을 계속할 것입니다.

김범석 지음

두란노

「역전」을 읽으면서 세 번 울었습니다. 먼저 가난한 사람을 사랑하시는 하나님의 따뜻함에 울었고, 그 다음에는 상황이 어려운 사람들의 친구가 되는 한 작은 목사의 겸손함에 울었습니다. 마지막으로는 '나는 무엇을 하였나?' 하는 탄식에 울었습니다. 사랑합니다. 예수님의 친구, 가난한 사람들의 친구, 나의 친구 김범석 목사님…. 이 책을 적극 추천합니다.

김길 _명신교회 담임목사, 「증언」 저자

김범석 목사님은 한평생 쪽방 사역을 하셨고 지금도 하고 계시는 목회자의 아들로 자랐습니다. 때문에 자랄 때 많은 고생을 했고 그래서 절대로 목사는 하지 않으리라 결심했던 사람입니다. 그러나 결국 하나님의 강권하심으로 목사가 되었고, 아버지와 똑같이 사회적 취약계층 민들의 자활을 위한 사역에 헌신했습니다. 그 귀한 인생의 여정을 책에 담았습니다. 기쁜 마음으로 추천합니다.

김동호 _높은뜻연합선교회 대표, 「복음을 위한다면 지갑을 찢어라」 저자

참된 경건이 무엇인지, 참된 영성이 무엇인지 삶으로 보여 주는 책입니다. 이 책은 중간에 덮을 수 없고 한번에 쭉 읽게 만드는 마력(?)이 있습니다. 저 역시도 읽는 내내 울며 웃으며 큰 감동과 도전을 받았습니다. 이러한 목사들이 있는 한 이 세상은 아직 아름답고 소망이 있습니다. 분명 하나님께서도 김범석 목사님에게 "고맙다!"라고 하실 겁니다.

문희곤 _높은뜻푸른교회 담임목사

미국 코스타(KOSTA) 집회 가는 길에 우연히 김범석 목사님과 한 차를 탔는데, 첫인상이 대단히 지적이고 날카로운 신세대 사역자로 보였습니다. 그런데 대화하면서 얼마나 정이 많고 감성적인 사역자인지 깜짝 놀랐습니다. 그것이 쪽방촌, 노숙자, 빈민 사역 등 가난하고 소외된 이들을 섬기며 살아온 목사님의 삶에서 형성된 것이었음을 이 책을 통해 알게 되었습니다.

김 목사님은 이 책에서 '소명을 따라가는 삶'을 감동적으로 보여 줍니다. 때로 "하나님, 여기도 주님이 계신 곳이 맞나요?"라며 탄식하고, '예수님이라면 어떻게 하실까?'를 고민하게 되는 좁은 길에서 그는 역전의 하나님을 만났습니다. 이 책을 읽는 이들마다 역전의 하나님을 통해 위로를 받으며, 힘들더라도 주님의 좁은 길, 자신에게 주어진 사명의 길을 끝까지 걸어갈 힘을 얻게 될 것입니다.

유기성 _선한목자교회 담임목사

김 목사님이 미국, 뉴질랜드, 캐나다 등 여러 나라의 코스타 집회에서 강의했을 때 그곳은 코스탄(코스타 참가 학생)들이 흘리는 참된 신앙에 대한 도전의 눈물로 가득 찼습니다. 그뿐만 아니라 함께 코스타를 섬기러 온 강사님들도 감동과 눈물로 하나님의 사역에 대한 마음을 다시금 새롭게 할 수 있었습니다. 이 책을 읽으니 또다시 눈물이 흘러내립니다. 그 뜨거웠던 코스타 집회 때의 감격이 이렇게 책으로 출간되어 이 시대의 청년들과 성도님들에게 전달될 수 있다는 것이 너무도 감사합니다. 모든 교회와 성도님들 그리고 다음 세대의 그리스도인들에게 꼭 읽혀지기를 진심으로 바라며 추천합니다.

유임근 _코스타 국제총무

제가 아는 김범석 목사님은 말보다 행동이 큰 분이고, 투박한 표현보
다 훨씬 깊고 따뜻한 사랑을 가진 분입니다. 이 책의 제목 '역전'만큼
김 목사님을 잘 표현하는 말은 없는 것 같습니다. 한국의 가장 약한
이들을 섬긴 실천주의적 삶과, 세계의 가장 약한 이들을 향한 세계 최
고의 혁신적 NPO(Non-Profit Organization, 비영리민간단체) 전략이 교
차하는 곳에 바로 김범석 목사님이 있습니다. 하나님께서 주시는 따스
한 위로와 삶의 역전을 소망하는 모든 분께 이 책을 권합니다.

윤영각 _PINESTREET GROUP 회장

이 책의 마지막 장에서 우리 시대에 노숙인들에게 먹일 것은 한 끼의
진수성찬이 아닌 희망이라는 말이 진하게 가슴에 부딪혀 왔습니다. 열

매나눔재단 사무총장으로 그리고 코스타의 젊은이들을 깨우는 강사로 김범석 목사님은 가난하고 소외된 이 땅의 이웃들의 발을 씻기는 자리에 몸소 참여해 오신 분입니다. 그래서 그의 글은 추상적 담론이 아닌 살아 있는 일깨움으로 가득합니다.

저는 한국 교회의 지도자들과 차세대 리더들이 이 책을 읽고 김 목사님의 가슴을 나누어 가질 수만 있다면 한국 교회의 부활은 아직도 가능하다고 믿습니다. 그래서 이 책을 한국 교회의 역전을 기대하는 모든 리더와 교우들에게 온 마음으로 천거합니다. 그가 걸어온 좁은 길이 생명을 찾는 희망의 길인 것을 함께 믿으면서 말입니다.

이동원 _지구촌교회 원로목사, 코스타 국제이사장

2천 년 전, 우리 예수님도 이 땅에서 좁은 길을 택하셨습니다. 그리고 우리 한 사람 한 사람을 위해 끝까지 그 길을 감당하셨습니다. 김범석 목사님의 삶에서, 오늘 우리를 향해 "나를 따라오라" 말씀하시는 예수님의 간절한 눈빛을 보았습니다. 주님의 한 충성된 팔로워(follower)

의 기도와 순종, 또 그 과정에서의 치열한 내적 고민의 흔적들에 가슴
이 뭉클했습니다. 이 책을 읽는 분마다 생명의 좁은 길에서 역사하시
는 역전의 하나님을 만나시기를 축복합니다.
이찬수 _분당우리교회 담임목사

동양화에는 연꽃을 그려 놓은 그림이 참 많습니다. 꽃의 아름다움보다
연꽃이 가지는 극한 환경을 넘어 최상의 아름다움을 만들어 내는 연
의 이미지 때문에 화가들마다 연꽃을 즐겨 그렸습니다. 연은 진흙 구
덩이 속에 그 뿌리를 두고 흙탕물이 일렁거리는 곳에서 자랍니다. 그
리고 그 물속에서 깨끗하고 푸른 잎을 냅니다. 푸른 연잎 위에 맺힌
물방울은 그 어떤 보석에 비할 바가 아닐 것입니다. 그런가 하면 연은
더러움을 탓하지 않고 밝고 아름다운 연꽃을 피워 내고 맙니다. 또한
그 진흙 속 뿌리는 열심히 우리의 식탁에 올려지기도 합니다. 이처럼
연은 어느 것 하나 버릴 수 없는 귀한 것들로 꽉 차 있지요.
우리 그리스도인들은 이 땅에서 이 연꽃과 같은 생애를 살라고 부름

받은 인생입니다. 세상의 진흙, 진창과 상관없이 아니 오히려 그곳에 뿌리를 두지만, 그 흙탕물의 혼탁함이 늘 주변에 있지만, 그리스도의 아름다운 형상을 드러내는 놀라운 부르심을 받았습니다. "너희를 그 혼탁한 세상에서 지명하여 불러서 나의 영광과 찬송이 되게 하기를 원하노라." 이것이 구세주께서 우리를 향해 부르시는 영광스러운 부르심입니다.

이런 부르심 앞에 하나님의 사람 김범석 목사는 자기의 삶을 통해 주시는 하나님의 은혜를 경험했습니다. 이 책은 '최악의 상황에서 최선을 만드시는 하나님의 손길'을 김범석 목사의 생애를 통해서 입증한 간증록입니다. 이 책을 통해서 하나님께서 하나님 되심을 우리에게 보여 주십니다. 그 하나님은 우리의 하나님이시고, 최악의 상태를 만난 우리에게 현재의 상황이 마지막이 아니라, 이것을 발판으로 역전시켜 더 크고 아름다운 영광을 이루는 분이십니다. 우리에게 이처럼 구체적으로 보여 주는 기록을 주셔서 감사합니다. 이런 그리스도인들을 향한 부름들이 곳곳에서 아름답게 펼쳐 나가는 역사가 있기를 소원합니다.

홍정길 _남서울은혜교회 원로목사, 기윤실 이사장

*

어느 날 남편이 저에게 책을 쓴다고 했습니다. 저는 평소에도 남편의 설교를 너무 좋아하는 팬이기에 책도 너무 재미있을 것 같아 기대하면서 기다렸습니다. 책을 쓰는 두 달 동안 남편은 원고를 보여 주지 않았습니다. '분명 웃기고 은혜가 넘치겠지'라고 기대하면서 기다렸습니다. 그리고 두 달 뒤 남편은 "사랑하는 아내에게 이 글을 바칩니다"라는 작은 쪽지와 함께 원고를 몰래 책상에 두고 출근을 했습니다. 기대하며 원고를 읽었습니다. 오전에 읽기 시작해 그 원고를 그날 오후까지 다 읽었습니다. 이 책은 그런 책입니다. 한번 잡으면 손에서 놓을 수 없는…. 읽으며 정말 수많은 눈물을 흘렸습니다. '우리가 이렇게 힘들게 살았구나.' 이미 돌아가신 쪽방촌 아저씨들도 보고 싶고, '우리 남편이 당시에 이런 고민을 했구나'라고 생각하며 울고 웃고 울고 웃고를 반복했습니다. 그리고 남편의 책을 덮으면서 이런 남편을 제 곁에 있게 하신 하나님께 감사를 드렸습니다. 우리 가족의 작은 이야기를 통해 하나님께 영광을 올려 드리길 소망합니다.

이유리 _김범석 목사의 아내

김범석 목사님은 우리 은인이에요. 우리 손녀딸 세빈이를 다 길러 주신 분이에요. 방값부터 시작해서 10년 전에는 이불, 양말, 우유, 기저귀고 다 비싸서…. 너무 힘들고 살기가 벅찼는데, 정말 목사님께 많은 도움을 받았어요. 지금까지도 계속 여러 모로 챙겨 주세요. 그런데 그게 우리뿐이 아니에요. 어렵게 산다 하는 사람이 있다 싶으면 발 벗고 나서서 일일이 쫓아 다니면서 정말 잘해 주셨어요. 이런 분도 없습니다. 쪽방촌은 거의 다 목사님 때문에 살았어요. 그분 아버지 목사님도 그렇고…. 정말 말로 다 할 수 없이 고마운 분입니다.

장점덕 _前 쪽방촌 거주자

차 례

추천의 글 7

프롤로그 19

1부 그 어디라도 예수님이 계시면 희망이 있다

1. IMF 시대, 서울역전에도 예수님은 계셨다 28

2. 예수님은 오늘도 당신에게 '한 사람'을 맡기셨다 42

3. 넘어지고 회개한 그 자리에서 사명을 주신다 58

2부 부르심을 따르는 길은 좁은 길이다

1. 무슨 사명이든 예수님의 마음 자세로 하라 70

2. 고난의 불속에서도 하나님의 방식을 타협하지 말라 90

3. 날 기다려 주시는 예수님처럼 사람들을 기다려 주라 108

4. 사명을 감당하다 흘린 땀과 눈물은 결코 헛되지 않다 122

3부 좁은 길에서 하나님의 역전을 체험하라

1. 결정적 순간에 '좁은 길'을 택한 사람을 쓰신다 134

2. 각자의 '좁은 길'이 모여 하나님나라 한길을 이룬다 146

3. 내 계산을 내려놓을 때 한계의 문이 열린다 162

4. 다디단 열매만 아니라 과정의 고군분투도 다 받으신다 176

4부 역전의 하나님과 손잡고 배고픈 세상을 먹이라

1. 영적 전투, 대충 싸우면 진다 188

2. 항상 "예수님이라면 어떻게 하셨을까?"를 물으라 206

3. '예수님의 십자가'만이 뒤집힌 이 세상을 바로잡는다 222

4. 한 끼의 진수성찬 대신 '진짜 희망'을 먹여 주라 230

에필로그 249

어린 시절 크리스마스만 되면 방송을 통해 어김없이 구두쇠 스크루지 영감을 만날 수 있었다. 자신의 세상에 갇혀 자신만을 알던 스크루지 영감에게 어느 날 동업자요 친구였던 죽은 마아레이가 찾아온다. 그리고 스크루지는 세 명의 유령들과 함께 과거와 현재, 미래를 여행하면서 다른 세상을 보게 된다.

마침내 스크루지는 다른 세상에서의 삶과 그 속에 숨어 있는 눈물과 기쁨을 보면서 자신의 삶을 돌아보기에 이른다. 그리고 그는 현재 자신이 처한 세상에서의 기쁨을 찾아 행복한 삶을 그려 간다.

　죽은 마아레이와 유령들이 스크루지를 인도했다면 나를 다른 세상으로 이끈 것은 IMF라는 낯선 이방인이었다.
　1997년, 참 추웠던 그해 겨울, 나는 그때껏 한번도 만나 보지 못했던 낯선 이웃들을 만났다. 도심의 빌딩 숲 사이에 나지막이 자리 잡은 쪽방에서 삶을 꾸려 가는 쪽방 주민들과 노숙자들이었다.
　당시 서울역에서 만난 노숙자 최 씨도 삶에서 이룬 모든 것을 잃고 울산서 무작정 서울로 상경한 사람이었다. 게다가 그에게는 세 살, 여섯 살짜리 자식 둘까지 딸려 있었다.
　얼어붙은 시멘트 바닥에서 그 어린아이들을 재울 수 없었던 최 씨는 며칠 후 어디에선가 허름한 리어카 한 대를 구

 역전

해 왔다. 이후 그는 수개월간 리어카에서 아이들과 함께 먹고 자면서 지냈다. 어린 자녀들은 집에 가자고 울기 일쑤였고 그때마다 최 씨는 아이들이 잠들 때까지 리어카를 끌고 서울역 주변을 몇 시간씩 다녔다. 나는 작으나마 최 씨와 아이들을 위해 한 평 남짓한 쪽방을 하나 얻어 주었다.

어느 날 최 씨가 찾아와 제법 커다란 가방 하나를 내려놓더니 그 안에서 검은 비닐봉지 하나를 주섬주섬 꺼내 건넨다. 이미 식어 버린 차디찬 호빵이었다.

"목사님, 이 가방 안에 또 뭐가 들어 있는지 아세요?"

그러면서 가방을 자랑스럽게 열어 보여 주는데, 그 안에는 조그마한 이불과 양말, 밥그릇들이 들어 있었다.

"이제는 우리 석준이도 식판이 아닌 밥그릇에다 밥을 먹을 수 있어요!"

울음을 꾹꾹 눌러 참는 그의 눈에는 서러움이 북받친 눈물이 가득 고여 있었다. 가진 자들에게는 너무도 보잘것없는 한 평짜리 초라한 쪽방이지만 여기까지 오기가 너무 어려웠던 그들에게 지금의 행복은 누구의 그 무엇보다 큰 것 같았다. 짐을 챙겨 나가다 최 씨가 문득 발걸음을 멈추더니 가만히 뒤를 돌아보았다.

"목사님, 감사해요. 내일은 호빵 따뜻하게 해서 드릴게요."

뛰어가는 최 씨의 뒷모습을 눈부신 겨울 햇살이 아름답게 덮어 주었다. 그날 저녁, 최 씨네 두 아이는 세상에서 가장 행복한 선물인 자신들의 밥그릇을 받았으리라. 이제 쪽방에도 아름다운 봄이 왔으면 좋겠다.

15년 동안 전혀 다른 세상을 여행한 것 같다. 여행을 하면서 처음 만난 그 다른 세상은 온통 어둠과 절망, 슬픔뿐이었다. 그 속을 여행하며 너무나 힘들고 어려워 몇 번이고 돌아서서 도망가고 싶었다. 무엇을 위한 여행인지, 무엇을 찾는 여행인지도 모른 채 '조금만 더, 조금만 더' 하기를 어느새 15년째다. 그러다 문득 어느새 그 세상의 한 부분이 된 나를 발견했다. 함께 웃고 울고 하면서 내가 사는 곳과 전혀 다르다 생각했던 그 세상이 이제는 나와 같은 세상이 되어 있었다.

코스타 집회에서 김길이라는 동갑내기 친구 목사를 만났다. 그가 쓴 「증언」이라는 책을 이미 읽었던 터라 우리는 처음 만남부터 서먹하지 않았다. 코스타 개회 예배를 인도하고 내려왔는데 김길 목사가 나를 통해 자신을 돌아보았다며 너무 감사하다고 이야기한다. 얘기 중에 그는 코스타에서의 설교를 모아 책을 내 보라고 권했다. 전혀 생각지 못한 일이었는데, 신기하게도 그가 건넨 말에 마음이 선뜻 움직였다.

한국으로 돌아오자마자 6년 동안 코스타 집회를 돌면서 한 강의와 설교들을 모아 보았다. 이 작업을 하면서 15년 동안 나를 이끈 하나님의 사랑을 다시 한번 느끼고 체험할 수 있었다. 고난 속에 숨은 하나님의 은혜를 발견했고, 성공 속에서 나에게 말씀하시는 하나님의 깊은 뜻을 새롭게 깨달았다.

나의 이 아픔과 감동을 많은 이들과 나누고 싶었다. 그래서 용기를 내 책으로 엮어 보았다. 부족하고 형편없는 글이지만 이 책을 통해 한국 교회가 가난한 사람들의 삶을 조금 더 알아 가길 희망하며 소망한다.

이 글을 쓸 수 있는 용기를 준 친구 김길 목사와 사랑하는 아내와 딸 지은이, 존경하고 사랑하는 아버지 같은 김동호 목사님 그리고 내 평생의 영적 멘토이자 동역자이신 내 아버지께 감사를 드린다.

그리고 그 무엇보다 나의 가시와 고난을 통해 나를 낮추어 주시고 동시에 그 가시와 고난을 통해 나를 높여 주신 나의 역전의 하나님, 세상의 스펙이 아닌 하나님의 스토리를 만들어 사용하여 주신 나의 하나님께 진심으로 이 책을 올려 드리며 감사를 드린다.

"하나님, 사랑합니다."

1^부

그 어디라도
**예수님이
계시면**
희망이 있다

1

IMF 시대,
서울역전에도
예수님은
계셨다

"아저씨, 대체 어떻게 술을 끊었어요?
예전에 정신 병원도 가고 약도 먹었
지만 못 끊었잖아요." "하하하! 목사
님, 예수 믿고 끊었습니다."

1997년, 우리나라는 국가 부도가 났다.

IMF가 터지면서 수많은 사람들이 삶의 터전을 잃고 거리로 내몰렸다. 당시 나는 아버지와 함께 서울역 근방 쪽방촌에서 노숙자 사역과 쪽방 사역을 하고 있었다. 우리는 쪽방촌 안에 무료 목욕탕을 만들어, 노숙하며 사는 사람들을 씻겨 주고 밥을 주고 옷을 나누어 주었다. 이것이 '나사로의집'의 시작이다.

당시만 해도 이런 일을 하는 단체나 사람들이 전혀 없었던 터라 얼마 안 가 많은 사람들이 우리 나사로의집으로 몰려들었다. 그렇게 사역은 조금씩 자리를 잡아 갔지만 그때껏 나에게는 아직 풀지 못한 몇 가지 숙제가 있었다.

알코올의존증에 시달리는 쪽방 주민들이 첫 번째 문제였다. 그들에게 술은 삶에서 가장 중요한 무엇이었고, 언제나 술을 끼고 술과 동행하며 삶을 죽음으로 몰아갔다. 술은 내게서도 많은 사람들을 앗아 갔다. 그래서 나는 그들과 친해지자마자 우선 어떻게 해서든지 그들이 술을 멀리하도록 애

썼다. 온갖 치료 프로그램을 다 동원하고 약을 처방받아 먹게도 해 보고 극단의 조치로 정신 병원에 입원도 시켜 보았다. 그러나 그들은 꼼짝도 하지 않았고, 오히려 내가 지치고 힘들어 점점 포기하고 변해 갔다.

그런데 어느 날 내게 한 줄기 희망의 소식이 들려왔다. 전부터 알고 지내던 김 씨 아저씨가 그 좋아하던 술을 끊고 새로운 삶에 도전했다는 것이다.

"아저씨, 대체 어떻게 술을 끊었어요? 예전에 정신 병원도 가고 약도 먹었지만 못 끊었잖아요. 그런데 어떻게 이렇게 갑자기 술을 끊으셨어요?"

"하하하! 작은목사님, 예수 믿고 끊었습니다"(나사로의집에는 큰목사와 작은목사가 있다. 큰목사는 우리 아버지시다. 당시 사람들은 나를 작은목사라고 불러 주었다).

"예수님을 영접하셨어요? 어떻게요?"

"누가 기도원 같이 가자기에 밥이나 얻어먹을까 하고 따라갔다가 거기서 예수님을 만났지 뭡니까! 예수님 만나니까 내가 얼마나 잘못 살고 있는지 확 깨달아지더라고요. 그래서 남은 삶이라도 이렇게 살면 안 되겠다고 회개하였지요. 이제부터는 저도 전도하면서 살렵니다."

그제야 깨달았다. 이들의 문제는 술이 아니라 마음이었다. 우리는 알코올의존증에 시달리는 그들의 마음을 치료하지 못한다. 이들이 왜 술을 그토록 마시고 알코올에 중독되었는지 모른다. 그저 그것이 원인이라 여기고 육체적인 것만 고치려 하니 고칠 수 없었던 것이다.

가난한 그들은 삶에서 작은 희망 한 줄기도 찾을 수 없었다. 그런데 김 씨 아저씨는 예수님이라는 희망을 발견했다. 태양을 발견하니 촛불이 보이지 않는 것처럼 태양을 발견하면서 자신의 문제가 그 빛에 가려졌고, 그래서 태양 앞에 서 있으려는 의지로 술을 끊게 된 것이다. 그 일을 계기로 나는 큰 깨달음 하나를 얻었다.

'아, 이 사람들에게는 육적인 문제도 중요하지만 영적인 문제가 더 심각하구나!'

그리고 결심했다. 이들을 영적으로 구원하여 희망을 품게 하기 위해 서울역 근방 건물 옥상에다 천막을 치고 교회를 개척하기로 한 것이다. 그 교회가 지금 서울역전에 있는 나사로의집교회이다.

결심은 결연했으나 가진 돈으로는 교회 자리를 마련하는 일조차 어려웠다. 이미 노숙자를 위한 무료 목욕탕 만드는 일에 가진 돈 3천 만 원을 모조리 털어 넣은 터였다. 그래도 싸게 나온 장소가 있나 알아보느라 몇 주간 열심히 돌아다녔다. 하지만 그런 자리는 없었다.

그렇다고 포기할 수는 없었다. 결국 우리가 만든 지하 목욕탕에서 먼저 예배를 드리고 나중에 돈이 생기면 건물을 구하기로 하고 지하에 예배 처소를 준비했다. 그렇게 마음먹고 며칠 뒤, 별안간 집주인이 찾아왔다.

"작은목사, 예배 장소 찾는다고 들었는데 건물은 구했어?"

"아니요. 도무지 건물도 없고 돈도 없고, 힘드네요."

"그래? 그럼 요 바로 앞 건물 옥상이 있는데 집주인에게 그 옥상 빌려 달라고 하고 옥상에다 천막 치고 교회 하면 어때?"

"네? 옥상에다요?"

번듯한 건물만 찾아다녔지 옥상 생각은 전혀 못한 터였는데, 집주인 아저씨가 명쾌한 해결책을 알려 주셨다.

"내가 그 건물 주인 잘 아니까 이야기해 볼게. 그 옥상에는 작은 사무실 같은 것도 있으니 잘만 하면 괜찮을 거야. 일단 한번 올라가 봐."

당장 아버지와 함께 옥상에 올라가 보았다. 그런데 기대를 너무 해서일까? 옥상은 내가 생각한 그런 공간이 아니었다. 몇 년 동안 청소를 하지 않아 건물에서 쓰다 버린 온갖 쓰레기가 옥상 전체를 꽉 메우고 있었다.

'그럼 그렇지. 누가 우리에게 멀쩡한 건물을 빌려 주겠어.'

한숨만 내쉬다 돌아서 내려오려는데 아버지 말씀이 나를 붙들어 세웠다.

"가만, 쓰레기 다 치우고 작은 사무실 건물 한쪽 벽을 헐어서 거기다 천막을 이어 붙이면 제법 교회 같겠는데! 범석아, 한번 부탁해 보자."

"아버지, 어떻게 이런 곳에서 예배를 드려요. 그리고 이 쓰레기는요? 이걸 뭘로 실어 내릴 것이며, 내린다 한들 다 어디다 치우고요?"

별별 불평을 다 늘어놓으며 그 자리를 떠나려 했지만, 삶의 연륜이 많으신 아버지는 그곳이 나사로의집교회에게 더없이 좋은 곳 같다 하시며 일을 진행하자 하셨다. 결국 그날 옥상 건물 주인을 찾아가 보증금 200만 원에 월 15만 원씩 내기로 하고 옥상을 빌렸다. 그런데 참 신기한 것이, 처음에는 자신도 없고 마음에도 들지 않던 그 공간이 막상 돈을 치르고 나자 왠지 잘만 하면 교회같이 될 수 있을 것 같은 생각이 드는 것이다.

쓰레기 버리는 일이 우선이었다. 인근 쪽방촌에서 고물을 주워 파는 사람들을 불러 모으고는 돈이 될 만한 것들은 다 가져가라고 했다. 덕분에 제법 많은 양의 폐품이 사라졌고, 남은 쓰레기는 내가 처리했다. 4일 동안 쓰레기 치우는 일을 다 하고 대충 청소까지 끝내자 옥상이 엄청 커졌다. 1톤 트럭으로 한가득 싣고 나갔으니 옥상이 얼마나 넓은지 짐작할 수 있으리라. 쓰레기에 가려 있을 때는 너무 좁고 지저분해 보였지만 막상 쓰레기를 걷어 내자 넓은 들판처럼 그곳이 엄청 커 보였다. 말끔해진 옥상을 보면서 희망이라는 작은 싹이 마음 가운데 자라는 느낌이 들었다.

하지만 이내 앞이 막막해졌다. 비닐 천막 견적을 받았는데 무려 200만 원이나 되었다. 그곳 보증금과 같은 액수다. 그 달치 무료 목욕탕 수도 요금 낼 돈도 없을 정도로 어려운 살림에 200만 원은 그야말로 어마어마한 거금이었다. 보증금은 겨우겨우 마련했는데 거기에 또 이런 목돈을 만드는 것은 불가능해 보였다. 기도밖에 없었다. 코너에 몰리니(?) 자연스럽게 기도하게 된다.

"하나님, 저희가 이곳에 교회를 세우는 목적은 이곳 사람들에게 주님의 사랑을 전하기 위함인 것을 아시지요? 아무 이익을 바라지 않고 이 일에 저희 가족이 헌신했는데 … 지금 너무 힘이 듭이다. 가난한 사람들에게 복음의 희망을 주기 위한 교회를 세우려면 200만 원이 필요합니다. 저희에게 200만 원을 보내 주세요."

온 가족이 교회를 위한 비닐하우스 비용 마련을 위해 무릎 꿇고 간절히 기도했다. 다음은 큰 교회에 도움을 청하는 편지를 썼다. 한국에서 큰 교회라고 생각하는 교회 500곳을 선정하여 기도하는 마음으로 한 자 한 자 적어 나갔다.

'이곳 서울역 앞에는 쪽방촌이 있고, 그 쪽방촌에는 굶주린 사람들이 있다. 이들에게 주님의 사랑을 전하고자 나사로의집을 만들었는데, 이제는 그들과 함께 교회를 세우려고 한다. 그래서 우리에게 200만 원을 후원해 주면 이곳에서 천막을 치고 이분들과 함께 교회를 시작하려 한다. 부디 교회 설립을 위해 후원을 해 달라'는 내용이었다.

편지를 붙이러 나가면서, 걱정스런 눈빛으로 바라보는 아내에게 자신 있게 이야기했다.

"여보, 간절히 기도하면서 이 편지를 작성했어. 그러니 적어도 3분의 2는 모일 것 같아. 어쩌면 더 많은 돈이 모아져서 나사로의집 무료 목욕탕 월세도 해결할 수 있을지 몰라."

"그렇게 되면 정말 좋겠어요."

하지만 하루, 이틀, 일주일이 지나도록 아무런 소식이 없었다. 편지에 전화번호를 적어 두었던 터라 온 식구가 전화기를 맴돌며 하루하루를 보냈지만 노숙자 말고는 전화를 걸어오는 교회도 사람도 없었다. 그렇게 한 달이 무심하게 지나버렸다.

'어떻게 그 큰 교회들이 하나도 연락하지 않을 수 있을까?' 시간이 지나면서 실망이 왔고, 그 실망은 절망으로, 절망은 작은 분노로 변했다. 한국 교회가 너무 미웠다. 화려한 교회 예배당 건물을 보면서 한탄했다.

'저들은 왜 돈이 있어도 이곳을 보지 못할까? 아니 왜 보지 않으려고 하는 것일까? 저 교회들이 주일마다 먹는 국수… 그중 한 끼 식사 값만 모아 준다면 그 돈으로 여기서는 교회를 만들 수 있는데, 아니 한 끼 식사 값은 고사하고 저들이 예배당을 위해 쓰는 물품 하나만 절약해도 이곳 2,500세대 쪽방촌에 주님의 집을 만들 수 있는데…. 저들은 왜 이곳을

보지 않는 것일까?'

나는 마음이 정말 어려웠다.

'하나님, 교회는 무엇입니까? 진정 저들이 드리는 예배가 살아 있는 예배입니까? 이 땅의 고아, 홀로 자식들을 책임져야 하는 과부들 그리고 길에 버려진 이들을 보지 않고 사는 저 교회들은 문제가 있는 것 아닙니까!'

내 안의 분노는 온갖 불평과 불만으로 변해 갔다. 나는 나사로의집을 돕지 않는 그들 모두를 묶어 그들이 하나님을 제대로 믿지 않는 것이라고 결론짓고 교회를 비판하며 지냈다. 그만큼 그 당시 어린 나의 마음에는 사랑으로 세상을 바라볼 여유가 없었다.

가만히 손 놓고 있을 수만은 없기에 어쩔 수 없이 옥상 위에 있는 작은 사무실 한쪽 벽을 헐고 그냥 그 상태에서 예배를 드리기 시작하였다. 네 평짜리 작은 사무실 안에는 피아노와 강대상을 넣었다. 그리고 벽을 헐어 확장한 사무실 외부에는 의자를 길게 줄 맞춰 놓아 설교자는 사무실에서 설교하고 성도들은 밖에서 예배를 드리게 설치해 보았다. 의자까지 배치하고 나니 제법 교회 같았다.

이렇게 '나사로의집교회'는 1997년 초가을 서울역 앞의 작은 건물 옥상에서 시작되었다.

천국 소망을 품은 사람들의 집

아주 작고 초라하게 시작한 나사로의집교회에서 비닐 천막 없이 몇 달간 목회를 했다. 하루는 빗속에서 예배를 드리게 되었다. 겨울비라 제법 찼다. 나는 강대상이 있는 사무실 안에 있어서 비를 맞지 않았지만 성도들은 고스란히 야외에서 비를 맞아야 했다. 좌불안석 어찌해야 좋을지 알 수가 없었다. 그러다 빗방울이 점점 더 굵어지자 나는 강대상을 들고 사무실 밖으로 나왔다. 그리고 대신 상봉이 아저씨와 노숙인 한 분, 그리고 가족들을 사무실로 들여보냈다.

그렇게 예배를 드리는데 내리는 빗줄기에 성경책이 다 젖을 듯했다. 그래서 성경책도 안으로 보내고 원고 없이 설교를 계속했다. 설교 시간이면 어김없이 잠을 자던 노숙인 아저씨가 처음으로 잠을 자지 않은 날이다.

하지만 내 마음은 너무 참담하였다. 설교가 끝나고 설교 마침 기도를 하는데 절로 눈물이 흘러내리고, 입에서는 절절한 기도가 나왔다.

"하나님, 비를 피할 수 있는 비닐하우스를 만들 수 있게 해 주세요. 너무 춥고 … 너무 마음이 아프고 … 힘이 듭니다."

기어이 아내가 울음을 터뜨렸다. 그리고 우리는 함께 통성으로 교회에 필요한 비닐하우스를 구하며 간절하게 하나님께 매달려 기도했다. 누구를 원망하는 일도 없이 단지 그냥 하나님께 기도했다. "하나님, 도와주세요…."

그 뒤 나와 아내는 다시 새로운 마음으로 아는 곳에 돈을 빌리러 다녔다. 우리의 간절한 기도가 응답된 것일까? 얼마 후, 서울 낙성대의 한 작은 교회에서 만나자는 연락이 왔다. 그리고 그곳에 한 간사님이 오셔서 담임목사님이 쓰신 것이라 하며 한 통의 편지를 건네 주셨다. 거기에는 돈 200만 원과 편지가 들어 있었다.

"우리 교회 간사로부터 나사로의집교회 사연을 들었습니다. 현재 우리도 작은 교회이지만 그래도 이렇게 귀한 사역에 참여할 수 있게 해 주시기를 바랍니다. 여기 우리가 모은 200만 원을 보내오니 교회 비닐하우스를 지으시기 바랍니다. 그리고 이런 귀한 사역에 참여할 수 있는 기회를 주신 나사로의집교회에 감사를 드립니다. 예원교회 문재승 목사."

우리 부부는 그 편지에 크나큰 감동을 받았다. 지금까지 후원해 주면서 생색을 내는 분들은 많이 만나 보았지만 후원금을 보내 주면서 이렇게 감사 편지를 같이 보낸 사람은 만나지 못한 터였다.

'그래, 내가 잘못 생각한 것이구나. 이렇게 귀한 목사님도 계시는데, 한국 교회 모두를 다 싸잡아 욕하고 비판하고…. 내가 잘못 생각한 것이구나.'

그동안 내 열등감 속에서 우리 교회를 돕지 않는다고 모든 한국 교회를 비판하고 원망했던 내 자신이 부끄러웠다. 그리고 나도 훗날에 다른 단체를 도울 수 있는 위치가 되면 이런 마음으로 사역을 하고 도움을 주어야겠다고 다짐하며, 하나님께 감사 기도를 드렸다.

마침내 옥상에 비닐하우스가 아름답게 지어졌다. 더 이상의 비용이 없었기에 그 다음 바닥 공사는 자연스럽게 내 몫으로 떨어졌다. 당시 형의 사업 실패로 생긴 빚 때문에 나는 잠시 학업을 중단하고 과일을 도매로 파는 장사를 하고 있었다. 그래서 밤에는 시장에서 과일을 팔고 낮에는 교회 바닥 공사를 했다. 힘든 공사였지만 너무 기쁘고 신이 나서 몸이 피곤한 줄도 몰랐다. 아내도 기쁨으로 함께 도왔다.

시장에서 깔판을 사 가지고 와서 옥상 바닥에 깔판을 대

고, 두꺼운 판넬을 톱으로 잘라 맞춰 그 깔판 위에 놓고 못
질을 했다. 이곳저곳을 돌아다니며 장판을 구해다 보기 좋게
연결해 깔고 보니 제법 근사해졌다. 작은 창문도 만들고 거
기에 전기 시설도 직접 다 했다. 문고리도 사다 달고 문도 나
무를 짜서 만들었다. 집 없는 사람이 고생 끝에 집을 마련한
듯 엄청 기쁘고 좋았다. 그렇게 나사로의집 비닐하우스교회
를 마침내 완성했다.

어떤 이들은 이렇게들 말한다. 나사로가 거지이니 나사로
의집교회는 거지 교회냐고. 다들 잘 몰라서 하는 말이다. '나
사로'는 이 땅에서 '거지'였다. 하지만 나사로의 '집'은 '거지
집'이 아니다. 왜냐하면 거지 나사로는 이 땅에 집이 없었기
때문이다. 성경에서 나사로의 '집'은 하늘에 있었다. 나사로
의 진짜 집은 하늘이었고 바로 그곳이 천국이었다.

우리 나사로의집교회 역시 거지 교회가 아닌 천국 교회이
며, 소외된 자들의 미래의 꿈을 담은 교회였다. 그래서 나는
우리 교회가 가난하지만 천국 소망을 품은 사람들의 집이라
고 생각하며, 나는 지금 천국 교회를 담임하는 천국 교회 목
회를 하는 것이라 생각했다. 그만큼 나는 비닐하우스로 만든
나사로의집교회가 너무너무 좋았다.

2

예수님은
오늘도 당신에게
'한 사람'을
맡기셨다

과일 장사와 교회가 잘되는 만큼 나의 육신은 지쳐 가고 있었다. 지금 생각해 보면 나는 일에 미쳐 있었던 것이다.

나사로의집교회를 시작하면서 새로운 사람들을 많이 만났다. 그때 만난 사람 가운데 구상봉 씨라는 분은 내 인생의 터닝 포인트를 찍어 주신 분이다.

어린 시절, 나는 온누리교회에서 처음 하나님을 인격적으로 만났다. 그곳에서 신앙이 자랐고 이후 하용조 목사님께 세례를 받고 신학생의 길로 들어섰다. 대형 교회에서 생활해서 그런지 왠지 내가 개척하고 목회를 하면 수많은 사람들이 올 것 같았다. 아니 수많은 사람은 아니더라도 최소 100여 명의 성도들은 어렵지 않게 올 줄 알았다. 하지만 내가 개척한 나사로의집교회에 교인이라고는 우리 가족을 제외하고 달랑 두 명이 다였다.

그중 한 분이 상봉이 아저씨였고, 다른 한 분은 서울역에서 노숙을 하시는 분이었다. 설교자는 사실 성도들의 피드백을 통해 힘을 받고 다시 설교를 한다. 당시 설교를 하면 나는 언제나 50퍼센트의 피드백을 받았다. 교인은 둘이었고, 그 50퍼센트는 바로 상봉이 아저씨를 통해서였다.

“하나님은 우리를 사랑하십니다. 믿으십니까?” 이러면 상봉이 아저씨는 큰소리로 “아멘!” 하고 대답했다. 내가 “할렐루야!” 하고 외치면 그분은 주저 없이 “아멘!”으로 화답하였다. 그럴 때마다 절로 힘이 났다.

그런데 노숙인 아저씨는 설교시간 전에 와서 항상 커피를 타 마시면서도 막상 설교 시간이 되면 주무셨다. 그분 들으라고 일부러 목청을 더 돋우어 센 발음으로 “믿으십니까?” 해도 상봉이 아저씨만 더 크게 대답하실 뿐 이분은 그대로 주무셨다. 이분을 깨우는 말은 한 가지뿐이었다.

“아저씨, 식사하세요!”

그러면 총알같이 벌떡 일어나셨다.

가끔 상봉이 아저씨가 오지 않을 때가 있다. 그러면 내 설교를 들으시는 분은 늘 주무시는 노숙인 아저씨뿐이었다. 설교자로서 경험하지 말아야 할 끔찍한 경험을 나는 그때 했다. 내 설교 시간에 ‘전 교인’이 자는 것이다. 상봉이 아저씨가 안 오면 우리 가족을 제외한 모든 교인(노숙인 아저씨 한 분)이 자는 사태가 발생했다. 나는 상봉이 아저씨가 주일에 오지 않을까 봐 늘 걱정하며 지냈다. 그래서 그런지 늘 내 설교를 들어 준 구상봉 아저씨가 참 고맙고 좋았다.

사랑은 상대방과 눈높이를 맞추는 것

교회를 시작하고 몇 달 뒤 겨울 어느 날, 상봉이 아저씨가 나에게 전화를 했다.

"여보세요, 작은목사님 … . 죄송하지만 제가 눈이 안 보입니다."

"왜요? 왜 갑자기 눈이 안 보여요? 눈에 뭐가 들어갔어요?"

"아니요. 얼마 전부터 잘 안 보이더니 오늘은 아예 보이질 않네요. 저 어떻게 하면 좋아요?"

상봉이 아저씨가 두려움에 떨고 계셨다. '가난하고 누구 하나 도와줄 친척도 없는데 눈까지 멀면 어떻게 하나?' 하는 걱정 때문에 더 두려우신 듯했다.

"잠시 기다리세요. 제가 바로 갈게요."

그 길로 상봉이 아저씨를 모시고 국립의료원에 갔다. 진찰실로 들어가는 상봉이 아저씨를 기다리는데 의사 선생님이 나를 불렀다.

"선생님, 어떻게 된 것입니까?"

"환자와 어떻게 되시지요?"

"구상봉 씨가 다니는 교회 담임 교역자입니다."

"아, 네. 구상봉 씨는 결핵도 있고요. 심한 영양실조에 백내장이 왔습니다. 하지만 백내장보다 영양실조가 더 심합니다. 이대로 두면 이분 영원히 장님이 될 수도 있습니다. 관리 잘해 주셔야 합니다."

영양실조라는 단순한 병으로도 영원히 시각을 잃을 수 있다니! 약을 타서 돌아오는 길에 아내에게 전화를 해 상봉이 아저씨 상태를 알려 주었다. 아내가 삼겹살을 사 오고 밑반찬도 급하게 몇 가지 만들어 왔다. 나는 삼겹살을 얼른 받아 굽기 시작했다. 상봉이 아저씨를 위해 그날 하루 작은 쪽방촌에 노릇노릇 삼겹살 굽는 연기가 피어났다.

"아저씨, 이거 드셔요. 잘 드셔야 눈이 좋아진대요."

아내는 정성스럽게 구운 삼겹살을 상추에 하나 가득 싸서 상봉이 아저씨 입에 넣어 드렸다. 작은 마음이지만 우리 사랑이 담긴 저 고기가 아저씨 몸에 잘 흡수돼 아저씨가 하루 빨리 자리에서 일어났으면 좋겠다고 생각했다.

그런데 갑자기 아저씨가 구토를 하신다. "욱… 욱… 웩…." 지금껏 먹은 고기를 다 토해 내신 듯했다. 영문을 몰라 당황하는데 아내가 상봉이 아저씨가 토한 오물들을 아무 말 없이 치우고는 나를 불러냈다.

"아무래도 … 갑자기 기름기가 들어가니까 위가 놀란 것 같아요."

사랑도 그 사랑의 눈높이를 맞추어야 한다는 것을 이날 알았다. 내 눈높이에서는 영양 보충을 위해서는 삼겹살이 최고였다. 하지만 나의 사랑이 상봉이 아저씨를 더 아프게 했다. 상봉이 아저씨의 몸은 그 사랑을 받을 만큼 훈련이 되어 있지 않았던 것이다. 내 생각과 기준에 맞추어 사랑을 전하는 것은 받는 이들에게 오히려 상처를 줄 수 있다는 것을 나는 그날 깨달았다.

다시 아저씨 방으로 들어서는데 선반 위에 올려진 10킬로그램짜리 설탕봉지가 눈에 들어왔다.

"아저씨, 배고플 땐 뭘 먹어요?"

"참을 수 있을 때까지 참았다가 진짜 배고프면 설탕물 한 사발 먹으면 배고픔이 없어져요."

"아저씨, 서울역에 나가면 요즘 많은 사람들이 밥도 주고 한대요. 거기 가서 밥이라도 먹지 그러셨어요."

"아이고, 작은목사님. 제가 거지입니까? 거기서 밥 먹게. 그런 말 하려거든 오지 마세요."

그랬다. 이곳 쪽방 사람들은 최소한의 자존심만은 버리지 않고 사는 사람들이다. 재수 좋아 막노동 일이 있으면 밥을 먹고, 일이 없으면 배고픔을 잊기 위해 설탕물을 먹고 지내는 그런 세상이었다.

아내와 나는 돌아오는 길에 소뼈를 샀다. 그리고 하루 온종일 소뼈를 고았다. 그 국물에 물을 넣어 다시 3배 이상 희석하여 상봉이 아저씨 건강 상태에 맞추어 아주 연하게 하여 다음날 갖다 드렸다.

"아저씨, 이거 틈날 때마다 드세요. 소금 조금 쳐서 물처럼 마시면 돼요. 약이라고 생각하고 꼭 드셔야 합니다."

상봉이 아저씨는 눈물이 그렁그렁해 가며 연신 감사하다고 말했다. 내게 '아멘 아저씨'는 너무 귀한 분이었기에 그분의 감사는 내게 새로운 보람과 감사로 이어졌다.

며칠 뒤, 용산전자상가에서 전화기 한 대를 사다가 상봉이 아저씨 집에 설치했다.

"아저씨, 앞이 잘 안 보여서 힘들고 몸이 아프면 이제 공중전화 찾아다니지 말고 집에서 전화를 해요. 그러면 제가 빨리 달려올게요."

"어이구, 저는 전화 필요 없어요. 괜히 전화 요금만 나오고…. 가져가세요."

“아저씨, 이건 응급으로 놔주는 전화예요. 그러니까 다치거나 위험할 때 제게 전화를 주세요. 응급으로 논 거니까 평상시 안 쓰면 기본요금 몇 천 원만 내면 돼요. 알았지요?”

또 상봉이 아저씨 눈에 눈물이 그렁그렁하다. 그만큼 이분들은 정에 주린 분들이었다. 감사하다는 말을 몇 번이고 들으면서 상봉이 아저씨를 뒤로하고 집으로 돌아왔다.

다 잘 풀릴 때 더욱 깨어 있으라

몇 개월 뒤, 나사로의집이 점점 커지면서 할 일도 많아졌다. 거기다 나사로의집 운영비를 마련하고 앞서도 밝혔던 우리 집안의 빚을 갚기 위해, 밤에는 과일 도매 시장에 나가 장사를 해야 했다. 과일 장사는 내게 고난과 고통의 시간이었다. 하지만 과일 장사라도 하지 않으면 이들을 먹이고 입히고 씻기고 할 수 없었기에 나는 밤에는 장사를 하고 낮에는 나사로의집을 섬기고 주일은 교회를 섬기는 1인 3역을 하고 있었다.

가난한 사람들은 참 순수하고 단순하다. 자신들에게 이롭다고 느껴서였을까? 사람이 사람을 소개하고 또 소개하여 점차 나사로의집과 교회에는 사람들이 늘어났다. 주일예배에는 어느덧 비닐하우스가 다 차고 밖에도 보조 의자에 앉아서 예배를 드리는 교인이 100명이 넘었다. 이들을 섬기기 위한 자원봉사자들도 늘어났다. 이제는 누가 밖에서 보아도 제법 규모가 갖추어진 교회로 보일 정도로 나사로의집과 교회는 성장해 있었다.

그런데 나사로의집교회는 참 재미있는 교회였다. 보통 교회는 성장하면 헌금이 늘어 예산 걱정을 하지 않는다. 하지만 나사로의집교회는 성도가 늘어나면 늘어날수록 세상 기준으로 보면 적자였다. 헌금은 늘지 않는데 먹이고 입혀야 하는 사람만 늘어나다 보니 점점 더 돈이 필요했다. 하지만 돈과 상관없이 설교자로서 성도들이 하나 둘 늘어나는 것이 좋았고 감사했다.

하나님께서 교회 운영에 들어가는 돈만큼 과일 장사를 축복하셔서 나는 가게를 확장할 수 있게 되었다. 내가 장사를 잘해서가 아니라 나사로의집을 먹이고 입히라고 그 장사를 축복하신 것이다. 덕분에 늘어나는 운영비 전체를 아무런 도움을 받지 않고도 스스로 해결할 수 있었다. 그러나 장사도 교회도 잘되는 만큼 내 몸은 힘이 들었고 체력적으로는 점점 지쳐 갔다.

그날도 그랬다. 장사를 마치고 돌아가는데 핸드폰 전화벨이 울렸다. 상봉이 아저씨였다.

"작은목사님, 저 또 눈이 안 보여요."

너무 지쳐서 귀찮아서였을까?

"아저씨, 아저씨 병은 병원 가도 소용이 없어요. 잘 먹으면 된다고 하니까 일단 제가 나중에 먹을 것 갖다 드릴 테니 기다리세요."

그렇게 말하고는 전화를 끊었다. 그리고 그 다음날 분주함에 매여 상봉이 아저씨와 한 약속을 지키지 못했다. 얼마 뒤, 장사를 끝내고 낮에 조금 잠을 자려는데 또 전화가 왔다. 상봉이 아저씨였다. 너무 힘들었던 나는 아예 전화를 받지 않았다.

'지금 받고서 또 못 간다고 하면 상봉이 아저씨가 상처를 더 받을 거야. 그래, 나중에 찾아가고 오늘은 자는 게 더 낫겠다. 그래야 조금 있다 밤에 시장에 일 나가지.'

그렇게 전화를 받지 않았다. 다음날 또 전화가 왔다. 이제는 시간 단위로 전화가 걸려 왔다. 나는 그럴 때마다 전화를 받지 않았다. 그리고 화가 났다.

‘뭐 이런 사람이 다 있어? 이 정도 안 받으면 대충 알아야 하는 것 아닌가? 내가 나중에 간다고 했으면 기다리면 될 일이지. 너무한 거 아니야?’

상봉이 아저씨를 원망하기 시작했다. 그러다 그런 나 스스로에게 화가 나서 그 다음부터는 전화를 아예 꺼 버렸다. 나의 육신은 지쳐 가고 있었다. 밤 11시부터 시장에서 일하고 새벽 3시에 물건을 싣고 충남 당진까지 매일 과일을 납품하기 위해 내려갔다 왔다. 서해안 고속도로를 달리면서 졸음 운전을 하는 통에 수차례 죽을 고비를 넘겼다. 잠은 휴게소에 들러 차를 세워 두고 차 안에서 자는 쪽잠이 전부였다. 그러고는 낮에 쪽방촌에 나와 사역을 했다. 지금 생각해 보면 나는 일에 미쳐 있었다.

전화가 오고 그 전화를 받지 않기를 거듭하자 전화는 드문드문 걸려 오더니 언젠가부터는 아예 전화가 없었다. 전화가 뚝 끊기고 한 달이 지났다. 바쁘게 지내면서 나는 상봉이 아저씨를 잊고 있었다. 그러다 매월 마지막 주 영등포 시장이 쉬는 날이 되자 문득 상봉이 아저씨가 생각났다. 생각해 보니 몇 주째 교회도 나오지 않는다.

‘나한테 아무리 서운해도 교회는 나오지’ 하는 생각, 한편으로는 전화를 받지 않은 일이 미안해졌다. 나는 상봉이 아저씨를 찾아가기로 하고 집을 나섰다.

용서 받을 기회를 잃다

상봉이 아저씨가 사는 중구 남대문로 5가 쪽방. 상봉이 아저씨 집 옆 가게에서 음료수 한 상자를 샀다. 그리고 상봉이 아저씨 방 작은 문을 두드렸다.

"똑똑똑!"

"상봉이 아저씨…, 상봉이 아저씨…!"

몇 번을 더 두드리다 안 계신가 생각하고 돌아서려는데, 안에서 인기척이 났다. 귀에 문을 대고 가만히 들어 보니 텔레비전 소리였다.

"아저씨, 있으면 문 열어 주세요."

하지만 한참을 기다려도 대답이 없어서 문을 당겼다. 안에서 작은 고리를 걸어 둔 터라 쉽게 열리지 않았지만 몇 번을 힘껏 당겼더니 '툭' 소리와 함께 문이 열렸다.

낮이지만 쪽방이 다 그렇듯 불을 켜지 않으면 어두웠다. 특히 상봉이 아저씨는 눈이 잘 안 보이면서부터 전기 요금도 아낄 겸 불을 켜지 않았다.

어둠…. 더욱 낯설게 느껴지는 한 평의 작은 방…. 희미하게 사물들이 보이기 시작할 즈음, 상봉이 아저씨가 삐졌는지 이불을 뒤집어쓰고 누워 일어나지 않는 것이 보인다.

"아저씨, 미안해요. 그래도 제가 일부러 여기까지 왔는데 일어나 보세요."

못 들은 척 아무 말이 없었다. 순간 느낌이 이상하다. 그러고 보니 아저씨가 전혀 움직임이 없었다. 조심스럽게 "상봉이 아저씨…" 하며 이불을 들추었다. 코를 찌르는 악취….

상봉이 아저씨는 이미 차디찬 시신이 되어 있었다. 전기장판 위로 끈적끈적한 액이 흘렀다. 사람이 죽으면 액이 나온다는 것을 이날 처음 알았다.

아무 생각이 없었다. 태어나 처음 사람이 죽은 것을 보았다. 그것도 썩고 있는 사람이었다. 내가 분명 아는 사람인데 아는 사람 같지 않았다. 얼마 전까지 내 교회에서 "아멘!"을 외치던 사람이었는데 모르는 사람 같았다. 무서웠다.

사람이 … 죽었다.

아무 생각 없이 멍한 충격에 빠져 있기를 얼마였을까, 서서히 눈에 익숙한 물건들이 보이기 시작했다. 이불 바로 위에는 전화기가 있었다. 아플 때, 힘들 때 내게 전화하라고 내가 직접 놓아준 바로 그 전화기였다. 전화기를 처음 가져 본다고 그토록 좋아하셨는데….

"어… 어… 어…."

뭐라 말해야 하는데 말이 나오지 않는다.

한참을 멍하니 앉았다 보니 전화기 아래 종이가 눈에 들어왔다. 손때 묻은 낡은 종이 한 장. 그 안에 적힌 전화번호.

011-○○○-○○○○ 김범석.

갑자기 눈에서 뜨거운 눈물이 주르륵 흘러내린다. 죽기 바로 전까지 내게 전화를 걸어 도움을 청하는 모습이 그려졌다. 눈물이 장맛비처럼 쏟아져 내렸다. 우리 아저씨는 죽기 바로 전까지 그야말로 죽을힘을 다해 내게 전화를 했던 것이다. 살려 달라고….

죽기 싫어서 내게 전화를 했는데, 살려 달라고 제발 전화를 받고 자길 살려 달라고 했는데, 나는 전화를 받지 않았다. 내가 상봉이 아저씨를 욕하는 그 순간에 상봉이 아저씨는 죽어 가고 있었던 것이다.

"상봉이 아저씨, 이러면 제가 미안하잖아요. 전화하던 거 마저 하셔야죠. 저에게 전화하려고 한 것 맞지요? 그럼 하셔 야죠….."

나는 이제 무섭지가 않았다. 오히려 아저씨를 죽게 한 내가 무서웠다. 눈물인지 무엇인지도 모를 것이 앞을 자꾸 가렸다.

"일어나세요, 아저씨…. 일어나야만 해요. 아저씨, 이렇게 죽으면 제가 미안하잖아요."

아저씨를 붙잡고 흔들며 이야기해 보았지만 죽은 아저 씨는 일어나지 않았다. 미친 듯이 아저씨를 붙잡고 소리를 질렀다.

"일어나시란 말이에요! 일어나세요!"

상봉이 아저씨를 흔들어 깨우다 아저씨를 붙잡고 울음을 터뜨렸다. 그러나 아무리 그래도 아저씨는 움직이지 않았다. 하나님께 물어보았다.

"하나님, 세상에 이럴 수 있어요? 이게 뭡니까? 이게 하나 님이 '보시기에 좋았다'고 하는 인간의 모습입니까?"

하나님은 태초에 천지를 창조하시고 7일 후 하나님 형상 으로 인간을 만드셨다. 그리고 보시기에 심히 좋았다고 하셨

다. 그런데 내가 본 상봉이 아저씨에게는 하나님 형상이 없
었다. 존엄한 인간의 모습이 없었다. 보시기에 심히 좋았다
는 그 모습이 보이지 않았다. 거기에는 죽어 썩은 시체만 있
었다.

3

넘어지고
회개한
그 자리에서
사명을 주신다

하나님은 잃은 양 한 마리를 찾아다
니시는데, 나는 지금 무엇을 좇아 살
아가는가?

나는 하나님이 원망스러웠다. 이 땅에 부자와 가난을 만드신 하나님이 원망스러웠다. 부자들은 강남의 수십 억 아파트를 사니 마니 하는데 이곳 가난한 사람들은 이렇게 굶고 결국 병으로 죽어 가는 이 현실을 이해할 수 없었다. 이 세상이 저주스러웠다. 불평등한 이 세상을 만든 하나님이 원망스러웠다. 울다 보니 점점 악이 받치기 시작했다.

"하나님, 이런 개 같은 세상 뭐하러 창조했습니까? 하나님이 어디 있어요? 하나님이 있다면 이럴 수는 없는 겁니다. 왜 가난한 사람들은 이렇게 죽고, 잘사는 사람들은 다른 세상에서 그냥 행복하게 살고 왜 이런 세상 만들었습니까? 하나님, 살아 있다면 어디 한번 이야기해 보세요. 이럴 수는 없는 겁니다!"

바락바락 소리 지르며 계속 상봉이 아저씨를 잡고 울었다. 죽은 아저씨는 내가 잡고 흔드는 대로 몸이 이리저리 움직였다. 아무리 이야기해 보아도 아무리 후회해 보아도 이제는 돌아올 수 없는 상봉이 아저씨. 얼마나 울었는지 어떻게 사람들이 왔는지 기억이 없다. 누군가의 신고로 경찰이 왔고 조금 있다 구급차가 와서 상봉이 아저씨를 실어 갔다. 아직 난 할 이야기가 많이 남았는데, 아저씨는 내 이야기를 마저 듣지 않고 무엇이 급한지 사람들과 함께 정든 쪽방을 뒤로하고 가 버리셨다.

나는 최초 목격자가 되어 경찰서에서 진술서를 쓰고 집으로 돌아왔다.

잃은 양 한 마리에 집중하시는 분

상봉이 아저씨 소식을 전해들은 아내도 충격에 휩싸였다. 우린 서로 붙잡고 울고 또 울었다. 우리에게 그만큼 고맙고 감사한 분이었는데 이제는 이 세상에 없다.

하나님을 원망했지만 실은 그 원망은 나에 대한 원망이었다. 너무 미안했다. 이제 더 이상 도움을 구하지도 못할 상봉이 아저씨. 더 도와주고 싶어도 도울 수 없는 상황이 너무 한스러웠다. 살려 달라고 나에게 그렇게 전화를 걸었는데, 피곤하다고 무시하고 받지 않은 것이 그분을 죽게 한 것이다.

상봉이 아저씨는 누가 죽였을까?

나다. 내가 죽인 것이다.

나의 탐욕 때문이다. 99마리의 양을 핑계로 잃은 양 한 마리를 버린 나의 욕심으로 그분이 죽었다. 상봉이 아저씨는 잃은 양 한 마리였다. 나사로의집을 처음 설립했을 때, 내 설교에 "아멘"으로 화답해 준 사람이 단 한 사람이었을 때, 나는 그분이 너무도 소중했다.

하지만 교회가 커지고 이제 나사로의집교회에는 100여 명의 성도가 있었다. 그래서인지 나는 그 100여 명의 성도들을 돕는 것을 핑계로 잃은 양 한 마리가 살려 달라고 했을 때 그 양에 관심을 가지지 않고 그 양을 버렸다. 나는 전형적인 맘몬에 물든 죄인이었다. 99마리 양이 더 좋아 잃은 양 한 마리를 버린 더럽고 추잡한 놈이었던 것이다.

하나님은 잃은 양 한 마리를 찾아다니시는데, 나는 지금 무엇을 좇아 살아가는가? 우리 하나님은 처음부터 나에게 맡긴 그 잃은 양 한 마리에 관심을 가지고 있었다. 하나님이 나에게 맡긴 잃은 양 한 마리는 내 사랑하는 믿지 않는 부모님일 수도 있다. 어떻게 보면 잃은 양 한 마리는 내 사랑하는 형제일 수도 있다. 어떻게 보면 잃은 양 한 마리는 내 사랑하는 아내, 애인, 친구일 수도 있다.

하나님의 관심은 그 잃은 양 한 마리였는데 나는 더 큰 교회, 더 큰 사역, 더 큰 대의명분이 좋았던 것이다. 하나님은 내 주위의 수많은 '잃은 양 한 마리'를 돌볼 것을 명하셨는데, 나는 더 큰 선교한다고 더 많은 사람들 돌본다고 잃은 양 한 마리를 버렸고 죽게 했다. 한 영혼에 관심이 없는 삯꾼이 되어 있었던 것이다.

아내와 울다 이야기하다 기도하다가 결국 쓰러져 잠이 들었다. 그런데 원망과 자책이 가시지 않은 그날 새벽에 하나님이 나를 깨우셨다. 너무 피곤했는데도 새벽 4시쯤 깨어났다. 깬 그 순간 사무엘을 부르는 하나님이 생각났다. 꼭 하나님이 나를 부르시고 찾으시는 것 같았다. 당장 기도해야 할 것만 같았다.

그래서 조용히 거실로 나와 무릎을 꿇었다. 그런데 기도가 나오지 않았다. 무엇을 어떻게 기도해야 할지 몰라 버벅거리기만 하다 나도 모르게 한마디 "하나님!" 하고 그분을 찾았다. 그 순간 내 마음에 성령님이 임하셨다. 하나님이 나를 찾아오셨다.

"하나님, 하나님, 하나님…."

"하나님" 말고는 다른 기도를 드릴 수 없었다. 오랜 시간 하나님만 찾았다. 그러다가 얼마 있다 나의 죄를 고백하였다.

"하나님, 제가 잘못했습니다."

또다시 엄청난 눈물이 나온다. 하나님 앞에 회개 기도를 드렸다.

"하나님, 잘못했습니다. 제가 살릴 수 있었는데 저의 게으름과 제 무지함과 제 더러움이 상봉이 아저씨를 죽게 하였습니다. 하나님, 전 이제 어떻게 합니까? 하나님, 용서해 주세요."

기도하는 그 순간 지금까지 체험하지 못한 뜨거운 성령님을 느낄 수 있었다. 성령님이 내 마음 깊은 곳에서 내게 말씀하시는 것을 느낄 수 있었다.

"사랑하는 아들아! 너 많이 아팠지?"

"예, 하나님. 아파서, 마음이 아파서 죽을 것 같아요."

"범석아, 나도 마음이 너무 아팠단다. 그런데 내가 더 아픈 것은 … 네가 그 사람의 도움을 거부한 것이 더 아팠단다."

"네, 하나님, 저도 알고 있습니다. 하나님, 죄송합니다. 어떻게 하지요? 저는 이제 어떻게 합니까? 하나님, 정말 죄송해요."

그때 성령님이 내 평생에 잊지 않고 간직할 말씀을 주셨다. 이사야서 43장 1절 말씀이었다.

> 야곱아 너를 창조하신 여호와께서 이제 말씀하신다 이스라엘아 너를 조성하신 자가 이제 말씀하신다 너는 두려워 말라 내가 너를 구속하였고 내가 너를 지명하여 불렀나니 너는 내 것이라.

하나님은 이 말씀을 통해 나에게 말씀해 주셨다.

"범석아, 내가 이 일을 위해 너를 불렀다. 가난하고 포로된 내 백성을 구원해 주지 않을래? 내 백성을 위해 이런 일 누가 하냐? 너도 못한다고 도망 다닌 이 일 누가 할 수 있겠냐? 네가 가서 이 땅 가운데 가난과 고통 가운데 포로 된 내 백성을 구해 주지 않을래?"

그 새벽, 하나님은 내게 그렇게 말씀하셨다. 그런데 나는 그 말씀에 "아멘"이라고 이야기하지 못했다. 가난한 이들을 위해 평생 이런 일 하라고 하시는 그 말씀에 "아멘"이 나오지 않았다. 나는 두려웠다.

'내가 평생 이런 일을 할 수 있을까? 아니, 난 못해….'

그래서 다시 기도했다.

"하나님, 전 못합니다. 저 아시잖아요. 저는 잃은 양 한 마리를 저버린 채 99마리 양을 찾아다녔던 사람입니다. 저는 상봉이 아저씨가 청해 오는 도와 달라는 손길을 거부했던 사람입니다. 저는 이런 일 하는 사역자로서 됨됨이가 안 됐어요. 저는 아니에요. 저는요, 지금 집이 어려워져서 잠시 쪽방 사역을 하는 것뿐입니다. 평생 이런 사역을 하라고 하시면 저는 못합니다. 하나님, 전 아닙니다."

그러자 하나님께서 다시 내게 이야기를 걸어 오셨다.

"아들아, 너는 뭐가 두려우냐? 두려워하지 마라. 내가 너를 지명하여 불렀다. 이러한 사역으로 지명했다."

하지만 사실 내게는 더 구체적인 두려움이 있었다. 잠시 젊은 시절 이렇게 가난한 사람들과 함께하는 사역은 괜찮지만 평생 사역으로 이러한 일을 한다는 것은 생각해 본 적이 없었다.

"하나님, 사실 저도요. 대우 받는 목회를 하고 싶습니다. 저도 심방 다니다가 차려 준 밥도 먹고 싶고요. 명절 때 넥타이라도 받고 싶어요. 맨날 명절 때 줘야 되는 입장이 아니라 저도 좀 받고 싶어요. 왜 접니까? 많잖아요. 아시다시피 저는 됨됨이가 안 되었다니까요. 저는 이런 일할 자격이 없습니다. 저는 아닙니다. 하나님, 저도 정상적인 목회 좀 해 보고 싶습니다. 저 말고 다른 사람 선택해 주세요."

그러자 하나님이 더 이상 아무 말씀도 주지 않으셨다. 나에게 엄청난 숙제를 남겨 둔 상태에서 더 이상 그 다음 이야기를 하지 않으셨다. 지금 생각해 보아도 언제나 하나님은 그러셨던 것 같다. 조금 미안할 것 같으면 답을 안 하시는 우리 하나님이셨다. 나에게 숙제와 결단만을 남겨 두시고 그분은 침묵하신다.

그런데 그때 만난 하나님의 음성, 그 말 한마디 붙잡고 우리 사회 빈민들과 함께 생활하며 사역한 지 올해로 15년째다. 돌아보니 엄청난 일도 많았고 엄청난 아픔도 많았다. 하지만 나는 내 안에 오신 그 성령님의 말씀을 붙잡고 아직도 쪽방과 가난한 사람들을 위한 사역을 한다. 그러나 난 그때도 대답하지 못했듯 15년 사역을 해 온 지금도 "예, 제가 할 겁니다" 하고 선뜻 대답하지 못하겠다.

15년이 지난 지금에도 나는 솔직히 자신이 없다. 아직도 두렵다. 그러나 아직 난 이곳을 떠나가도 좋다는 허락을 그분에게 받지 못했다. 그래서 지금도 이 사역을 하는 것이다. 지금 생각해 보니 그게 사역자인 것 같다. 언제든지 주님이 멈추라 하면 멈추고, 가라 하면 떠날 준비가 되어 있는 것이 사역자이다. 내가 '예, 아니오' 하는 것보다 그분이 시키면 그냥 하는 것이다. 이게 순종이다.

순종하는 것이 제사보다 낫고 여호와의 말씀을 듣는 것이 수양의 기름보다 더 나은 것이오(삼상 15:22, 현대인의성경).

나는 순종했고 아직도 진행형이다.

2부

부르심을
따르는
길은
좁은 길이다

1

무슨 사명이든 예수님의 마음 자세로 하라

나는 이방인이었다. 한번도 진심으로
쪽방촌 사람들에게 직접 찾아가서
친구로서 이야기한 적이 없었다. 난
단지 그들을 돕는 사람일 뿐이었다.

나사로의집에서 무료 목욕탕 사역을 막 시작했을 때는 사람들이 무료 목욕탕이 생긴 줄을 몰라서 찾는 사람들이 적었다. 그래서 찾아오기만 기다릴 게 아니라 도움이 필요한 사람들을 찾아나서기로 마음먹고 서울역으로 나갔다.

서울역 앞에는 부랑자(IMF 이전에는 노숙인을 모두 부랑자라 칭했음)가 많았다. 어떤 사람은 술에 취해서는 행인에게 이유 없이 행패를 부리고, 어떤 사람은 술에 취해 하염없이 울고 앉았고, 어떤 사람은 싸움에 피투성이가 된 채 누워 있기도 했다.

그중에 술에 취해 잠든 아저씨를 흔들어 깨웠다.

"아저씨, 눈 좀 떠 봐요."

"에이, 왜 이래? 야, 죽을래! 음냐음냐…."

몇 번을 흔들어 깨워도 취해서 일어나지 않는 아저씨를 들쳐 업고는 목욕탕으로 돌아왔다. 목욕탕에 도착하니 그 아저씨 냄새가 어찌나 심하던지 내 옷에까지 냄새가 배 있었다.

아저씨를 다시 한번 흔들어 깨웠지만 여전히 잠꼬대 같은 말뿐이었다.

"아저씨! 아저씨 몸에서 냄새가 너무 나서 제가 목욕 시켜 줄게요."

"몰라. 음냐음냐…."

"가만히만 계셔요. 가만히 계셔야 제가 깨끗하게 씻겨 드릴 수 있어요."

아저씨의 옷을 속옷만 남기고 모두 벗긴 다음 옷은 세탁기에 넣어서 돌리고 아저씨는 바닥에 눕혀 머리부터 감겼다. 얼마나 오랫동안 머리를 감지 않았는지 손가락이 제대로 들어가질 않았다. 샴푸 반 통을 머리에 붓고 나서도 손가락이 잘 들어가지 않는 것을 간신히 조금씩 밀어 넣어서 조물락조물락거리며 손가락을 움직여 머리를 감겼다.

머리 감기는 데만 거의 1시간. 다 감기고 나니 허리가 끊어질 듯 아프고 온몸은 땀과 냄새로 범벅이 되어 버렸다. 하지만 머리를 감기고 드라이로 머리를 말려 주면서 왠지 기분이 좋았다. 10년 묵은 때를 모두 벗겨 낸 후련한 느낌이랄까?

후원품으로 들어온 옷으로 옷을 갈아입히고 나니 또 땀으로 온몸이 젖어 버렸다. 얼마나 술을 많이 먹었는지 거의 실신하신 그분을 물끄러미 보면서 '깨고 나면 얼마나 좋아할까?'라고 기대하며 아저씨 옷을 빨아 널었다.

거의 퇴근 시간에야 그분은 정신을 차렸다.

"아저씨, 잘 잤어요?"

"어, 여기가 어디지?"

"나사로의집인데 아저씨 술 취해 토하고 한 옷들 모두 빨아서 말리는 중이고요. 제가 모시고 와서 목욕시켜 드렸어요."

나는 자랑스러움에 겨워 어리둥절해 있는 아저씨를 일으켜 거울 앞으로 데리고 가 말끔해진 모습을 보여 주었다. 그런데 내가 기대하고 듣고 싶었던 반응이 나오지 않았다.

"아니 이게 뭐야? 야! 니가 뭔데 내 허락도 없이 내 머릴 감긴 거야?"

"아니, 아저씨! 술에 취해 쓰러져 있기에 옷도 빨아 주고 씻겨 주고 한 건데, 왜 그러세요?"

"니가 뭔데? 어후~ 정말! 야, 이 새끼야! 지저분해도 구걸이 될까 말까 한데 이렇게 깨끗하면 누가 돈을 주겠냐? 니가 뭔데 대체 이 지랄 같은 몰골로 만들어 버린 거야? 너 미쳤어?"

그 순간 참 먹먹했다. 아니 구걸을 하기 위해서는 지저분해야 하고 그래서 그렇게 삶을 망친 것처럼 살았단 말인가? 방방 뜨고 난리가 난 그분에게 수없이 미안하다고 다시는 그런 짓(?) 안 하겠다고 사과하고 또 사과를 했다.

그러자 그 아저씨는 한 술 더 떴다. 오늘 일당 모두 망쳤으니 돈으로 보상하라는 것이었다. 그분 말도 맞았다. 그저 내 흥에 겨워서는 주인 허락도 없이 내 의지대로 씻겼으니 내 잘못이 컸다. 결국 내 수중에 있던 만 2천 원을 모두 털어 그분에게 주고 합의(?)를 하고 나서야 그분은 겨우 나사로의집 문턱을 걸어 나갔다.

그분을 보내고 조용히 생각해 보았다. 저분들도 저분들 세계에서는 노력을 하여 돈을 벌고 있었다. 지저분해지기 위한 노력. 하지만 그건 노력이 아니라 사기가 아닐까 하는 생각도 잠시 들었다. 아니 노력인가? 참 알다가도 모르는 이상한 세계에 온 느낌이랄까? 여하튼 아무리 가난한 사람이라 해도 그 삶의 패턴을 함부로 깨뜨려서는 안 된다는 교훈을 그 일에서 얻었다.

얼마 전에는 연세가 높으신 할아버지들에게 돈을 받고 몸을 내어주는 할머니 한 분을 만났다. 이곳 서울역 앞에 쪽방은 '양동'이라고, 김홍신의 소설 「인간시장」의 배경이 되기도 했다. 옛날, 시골에서 올라온 순진한 처녀들을 꾀어 몸 파는 여자를 만들어 버린 인간시장의 배경이 이곳이다. 그때 몸을 팔던 여성들 대부분이 도시 개발 사업으로 인해 이곳을 떠나갔지만 그중에 오갈 데 없어 이곳을 떠나지 못하고 계속 사는 분들이 있었다. 젊어서는 창녀라는 슬픈 이름으로, 늙어서는 노인들에게 몸을 파는 새로운 형태의 독거노인으로 이곳에서 사셨다.

한 평도 채 안 되는 작고 어두운 방은 말할 수 없이 지저분하고 악취가 심했다. 도배도 하고 청소도 해 주겠다고 했지만 할머니들은 한사코 거절하셨다. 공짜로 해 주겠다는데 대체 왜 거절하는지 알 수가 없어 답답했다.

"할머니, 방 냄새가 이렇게 퀴퀴한데 왜 청소를 마다하시는 거예요?"

"아, 그거? 지저분하고 냄새가 나야 그놈들이 더 있으려고 않고 빨리 간단 말이야."

"그놈들이라니요?"

"에이, 5천 원 주고 그 짓 하려고 오는 노인네들. 괜히 깨끗하면 오래 있고, 그러면 힘들어."

그 또한 삶을 위한 지저분함이었다. 그렇게라도 해서 삶을 꾸려 가는 그분들께 누가 감히 돌을 던질 수 있겠는가? 그리해야 겨우 밥을 먹을 수 있으니 말이다. 아픈 마음이 무너져 내리는 듯했다.

"하나님, 여기도 하나님이 계신 곳이 맞나요? 이 영혼들을 어찌 해야 합니까? 도와주세요, 주님 …."

기도하는 시간이 늘어났다.

이방인에게 마음 문을 닫은 사람들

쪽방 주민들 사이에 우리 사역이 점차 소문이 날 즈음 IMF 사건이 터졌고, 우리의 의사와는 전혀 상관없이 나사로의집은 IMF의 엄청난 소용돌이 속 그 중심에 서 있는 모습이 되고 말았다.

직장에서 쫓겨난 사람들이 하나둘 서울역에 몰려들면서 서울역은 어느덧 노숙인들의 집합소가 되었다. 갑자기 늘어난 노숙인 문제는 심각한 사회문제로 대두되었으나 우리 사회는 이러한 사회적 현상을 감당할 내공이 없었다. 그래서인지 우리 나사로의집 무료 목욕탕은 세상 말로 연일 대박이었다. 그나마 서울역에는 밥을 주는 곳도 없던 그 시점 무료 목욕탕과 상담실을 가지고 있던 나사로의집은 사회에 큰 이슈를 주고 관심을 끌었다. 그 결과 나사로의집은 IMF의 서울역 스타로 거듭났다.

때를 같이해 나사로의집 무료 목욕탕을 시기하는 이들도 생겨났다. 나사로의집 무료 목욕탕 위로 조금만 더 올라가면 일반 목욕탕이 있는데 주인 할머니는 장사가 안 되는 이유를 우리 무료 목욕탕 때문이라고 생각하셨다. 사실 그분의 목욕탕과 우리 목욕탕은 이용 대상이 전혀 달랐지만 할머니는 그렇게 생각하지 않으셨던 것 같다. 이곳 양동에서 온갖 사람들을 다 겪으면서 수십 년 동안 살아오신 원주민 할머니는 우리를 쫓아내기 위해 여러 가지 방법을 동원하셨다.

그날 아침에도 여느 때처럼 목욕탕 청소를 하고 있었는데, 느닷없이 덩치 좋은 깍두기 세 명이 요란스레 들이닥쳤다.

"야, 새끼야! 누구 허락받고 여기서 장사하는 거야? 여기 주인 누구야? 나와 봐!"

험악한 분위기 속에서 나는 잘못한 것도 없으면서 왠지 모를 두려움에 떨며 모깃소리만 하게 중얼거렸다.

"제가 이곳 담당자입니다. 무슨 일이십니까?"

"야! 너 누군데 여기서 이 짓 하는 거야? 너 누구 허락 받고 들어왔어? 이 새끼가 죽으려고! 너 오늘 당장 이거 안 치우면 확 죽여 버린다."

세 명이 돌아가면서 욕을 하는데 생전 들어 보지도 못한 욕이라 알아들을 수조차 없었다. 어리둥절함과 동시에 두려움과 공포가 내 안으로 엄습해 왔다.

"알았지? 너 당장 이거 빼! 안 그러면 확 불 질러 버리고 너는 우리 손에 죽는다."

"아저씨, 죄송한데요. 저희는 무료로 가난한 분들을 씻겨 주고 먹여 주는 일을 하는…."

채 말을 끝내지도 못했는데, "이 새끼가 어디서 말대답이야!" 하더니 눈에서 불이 번쩍 했다. 주먹으로 한 대 맞은 것이다. 어질어질해서 뒤로 물러났더니 다음에는 다른 사람이 발로 걷어찼다. 넘어지면서 가지런히 놓아둔 의자들이 아수라장이 되어 버렸다. 그대로 무너질 수는 없었다. 두려웠지만 땅을 짚고 일어서서 담담하게 이야기했다.

"대체 무슨 일로 이러십니까? 경찰 부를 거예요!"

"경찰 불러! 이 새끼 죽으려고! 대체 여기가 뭐야?"

"이곳은 나사로의집입니다. 저는 여기 담당 교역자고요."

"지랄하네. 이 새끼 이제 보니 하나님 백 믿고 이곳에서 장사하는 거네."

"나사로의집은 장사하는 곳이 아닙니다. 단지 쪽방에 욕실이 없어서 목욕을 못하니 그분들 목욕하시라고 만든 무료 목욕탕이며 무료 급식실입니다."

"개소리하네. 야, 임마 너 결국 이곳 이용해서 돈 벌려는 거 아니야? 너 다시 말하지만 내일까지 안 나가면 죽을 줄 알아. 알았어?"

그들은 돌아서 나가면서도 발에 걸리는 것마다 무섭게 발길질을 해 댔다. 그들의 뒷모습까지 사라지자 긴장을 해서인지 무서워서인지 갑자기 손과 발이 덜덜 떨려 왔다. 그도 그럴 것이 세 깍두기 모두 들어오자마자 웃옷을 벗어 던졌는데 저마다 팔과 등에 문신이 크게 그려져 있었다. 전문 깡패였던 것 같다. 그 순간 내가 할 수 있는 일은 하나님께 기도하는 일밖에 없었다.

"하나님, 어떻게 합니까? 내일까지 나가지 않으면 죽인다고 하는데, 어떻게 해야 합니까? 하나님, 알려 주세요."

기도했지만 하나님은 분명한 대답이 없으셨다. 답답했다. 그런 응급 상황에서는 기도하면 바로 응답하시는 하나님이셨으면 좋겠는데 하나님은 내게 한번도 바로바로 응답하시는 일이 없으셨다.

기도를 마치고 눈을 떴는데 어질러진 목욕탕이 눈에 들어왔다. 우선은 오늘 목욕하러 올 사람들을 감당하고 볼 일이었다. 놀란 가슴을 겨우 진정시키고 청소를 하는데 왠지 모를 눈물이 흘렀다. 서러움과 두려움, 그 밖에도 뭔지 모를 감정들이 뒤섞여 눈물로 흘러나왔다. 그때 노숙인 한 분이 목욕을 하고 싶다고 찾아오셨다. 얼른 눈물을 훔쳐 닦고 아저씨께 이것저것 챙겨 주고 다시 일손을 잡았다. 하지만 그날 하루 종일 나는 내 안에 두려움과 싸워야 했다. 그만큼 나는 그들이 너무 무서웠다.

다음날, 약속한 시간쯤에 그들이 다시 찾아왔다.

"야, 이 새끼 아직도 안 갔네. 너 가라고 했어 안 했어!"

그 순간 여기서 밀리면 절대 쪽방촌에 있을 수 없겠다는 생각이 들었다. 그래서 나름 이를 악물고 내 안에 두려움과 싸우며 힘을 주어 말했다.

"저는 이곳 사람들을 버려 두고 나갈 수 없습니다."

그리고 내가 선택한 무기를 그들에게 선보였다. 바로 미소였다. 밤새 생각해 보니 그들은 내가 자신들을 무서워하니까 더 막 대하는 것 같았다. 원래 개도 자신을 무서워하고 도망가면 더 따라와 물지 않는가? 이들은 개다. 그래서 나는 개에게 물리지 않으려면 무서워하는 모습을 보이면 안 된다고 결론 내렸다.

하지만 내 예상은 빗나갔다. "이놈이 우리를 비웃네" 하더니 이번에는 발이 먼저 들어왔다. 어제보다 더 흠씬 두들겨 맞았다. 다행히 어제 사람들에게 얘기를 해 두었던 터라 누군가 불러 주었는지 바로 경찰이 왔다. 살았다 싶었다. 경찰이 그들을 잡아다 가두면 내일부터는 걱정하지 않아도 되리라 생각했다.

하지만 얼핏 보기에도 경찰은 그 깍두기들과 친한 듯했다. "형님, 형님" 해 가며 경찰들과 웃고 놀기까지 했다. 적당히 그만두라는 경찰들 말에 물러가긴 했지만, 그들은 끝까지 "너 안 나가면 죽는다"며 협박했다.

돌아서려는 경찰들을 붙잡아 세웠다. 그러고는 우리 나사로의집의 안전을 부탁하였다. 하지만 경찰들은 특별한 상해 등의 사건이 생기지 않았으니 자신들이 나설 일이 아니라면서 가 버렸다. 그 뒤 깍두기 아저씨들은 2-3일에 한 번씩 들러 행패를 부렸고 나는 그때마다 참고 웃으며 버텼다. 그렇게 버티고 버티다 보니 어느 순간부터는 그들도 귀찮았는지 오는 횟수가 줄었다. 그러더니 어느 날부터는 소리 소문도 없이 그냥 나타나지 않았다. 문득 그런 어려운 환경을 이겨 낸 내가 자랑스러웠다.

"하나님, 이런 수모는 못 견디겠습니다!"

평화로운 나날이 얼마나 지났을까, 이른 아침 시간이라 청소를 하며 하루를 준비하는데 장애인 한 분이 찾아오셨다. 장애가 있는 노숙인인 줄 알고, 1시간 뒤에 문을 여니 그때 다시 오시라고 정중하게 말했다. 그런데 갑자기 그분이 상스러운 말을 하며 달려들었다.

"야, 이 새끼야. 너 분명히 이야기하는데 이곳에서 나가지 않으면 그때는 내 손에 죽어."

'아, 이분도 나를 몰아내기 위해 누군가 보낸 것이구나' 생각하며 그분을 바라보는데 왠지 웃음이 나왔다. 매번 건장한 깍두기 아저씨들과 맞서다가 나보다 약한 사람을 상대로 씨름하려고 하니 너무나 거뜬해 보였다. 내 안에 나도 모르는 자신감이 생겼다.

"아저씨! 아저씨가 뭔데 남의 집에서 나가라 마라 합니까?

저는 절대 못 나가니 맘대로 하세요!"

그러자 아저씨는 나도 모르는 온갖 상스런 말을 열심히 해가며 의자들을 발로 차기 시작했다. 얼른 가서 그를 말렸다. 그러자 그분은 갑자기 바지를 내리고는 그대로 앉아 물변을 보기 시작했다.

기가 막혔다. 넋이 나가서는 멍하니 지켜볼 뿐이었다. 아저씨는 변을 다 보고는 또 악다구니를 풀어놓았다. 나도 덩달아 목청을 돋우려다 '이 아저씨랑 왈가왈부해 봤자 아무 소득이 없다'는 판단을 내리고 아저씨를 밖으로 내보내려고 다가가 옷을 잡았다. 그러자 아저씨는 자기가 싸 둔 변 위에 털썩 주저앉아서는 양손으로 변을 집어 나를 향해 마구 던졌다. "야. 이 새끼가 내가 장애인이라고 막 무시하네."

나는 그 변에 얼굴을 맞았다. 결국 내 온몸은 물론이요, 사무실도 엉망진창이 되었다.

화가 났다. 너무너무 화가 났다. 나도 악이 받쳐서는 같이 욕을 하며 아저씨를 밀어 대문 밖으로 쫓아 버렸다. 그리고 안에서 철문을 닫아 못 열게 걸어 잠갔다. 철문을 닫고 한참을 멍하니 있는데, 정신을 차리고 보니 온통 사무실이 변통이었다. 그때서야 냄새가 몰려왔다. 치워야 하는데, 어디를 어디서부터 치워야 할지 막막했다. '그래, 몸부터 닦아야지. 아니야, 사무실부터 치워야지. 아니야, 냄새나는 몸부터 닦아야지. 아니야, 아니야….'

정말 아무것도 할 수 없었다. 그런데 갑자기 또 서러워졌다. 젠장, 또 왜 눈물이 흐르는지…. '나는 지들을 위해 이곳에서 내 돈을 써 가며 일하는데….' 은혜도 모르는 그들에게 화가 났다. '더러운 것들, 죽일 것들….' 내 안에 분노가 들끓었다. 가슴에 잔뜩 화를 품고는 기도했다.

"하나님, 나 이제 이 일 안 할래요. 정말 더러워서 못하겠어요. 제가 깡패도 이길 수 있지만 이런 더러운 수모는 못 견디겠어요. 나 이제 여기 떠날 거예요."

정말 그곳이 싫었다. 불쌍해서 도와주고 싶어서 내 재산 털어 돕고 있었는데, 자신들을 위해 이렇게 헌신하는데 그것을 몰라주는 그들이 미웠다. 나는 그날 사역을 마음으로 포기했다. 그냥 모든 것을 다 버리고 당장 나가고 싶었는데 그래도 더럽혀진 사무실을 그냥 놔 둘 수 없어 청소를 시작했다. 2시간 동안 닦아 내고 화장품을 뿌리고 했는데도 냄새가 없어지지 않았다. 변이 묻은 책은 모두 버렸다. 커튼도 빨지 않고 비닐에 넣어서 버렸다. 그나마 버리지 않은 것은 바닥과 벽뿐이었다.

그런데 닦아도 닦아도 냄새가 지워지지 않았다. 더욱이 내 얼굴과 머리에 묻은 변 냄새는 마음에 난 생채기 때문일까 도저히 지워지지 않았다. 밤에 집에 돌아오기까지 그 똥을 치우며 울고 욕하고, 울고 욕하고를 반복했다. 그날은 과일 장사를 하러 시장에도 나가지 않고 그냥 집에 돌아갔다.

'돕는 자'에서 '함께하는 친구'로

다음날, 사무실에 나가 짐을 꾸렸다. 윗집 주인어른을 찾아가 목욕탕을 빼겠다고 말씀 드렸다.

"작은목사, 왜 그래? 어제 당한 일 때문에 그래? 작은목사가 참아. 근데 사람들이 왜 그런지 알아?"

"알지요. 저기 목욕탕 할머니가 사람 사서 우리 쫓아내려고 하는 거잖아요. 저도 더러워서 이제 그만 나갈 겁니다. 그러니 사무실 부동산에 내놓겠습니다."

"어휴, 작은목사, 그게 아니야. 사실 할머니가 선동한 것은 맞지만 그게 다가 아니야. 사람들이 아직 나사로의집을 믿지 못해서 그래. 매번 명절 때나 겨울이 되면 국회의원이다 구청장이다 하는 사람들이 라면 같은 거 사 들고 찾아와서 방송 촬영할 때 이용하고는 이후에는 전혀 모른척하고 하는 것을 보면서 나사로의집도 자신들을 이용해서 뭔가 얻어먹으려고 한다고 생각해. 그러니까 시간이 조금 지나면 나사로의집을 알고 믿어 줄 거야. 그러니까 조금만 참고 있어 봐.”

　주인어른 말씀에 적잖이 충격을 받았다. 그동안 단순히 목욕탕 할머니 탓이라고만 생각했다. 그런데 그 모든 일이 나를 믿지 않아서였다니. 그건 그들에게 문제가 있는 것이 아니라 내게 문제가 있었던 것이다. 내가 그들에게 어떻게 보였기에 저들이 나를 믿지 않는 것일까?

　생각해 보니 나는 이곳 사람들에게 이방인이었다. 한번도 진심으로 그들에게 직접 찾아가서 친구로서 이야기하거나 주민처럼 지낸 적이 없었다. 내 안에는 나도 모르게 ‘나는 그들을 위해 온 사람’이라는 인식이 가득했다. 그들을 돕기 위해서 왔다는 것은 내가 그들보다 높은 곳에 있었다는 것이다. 나는 늘 그들을 위해서 온 높은 사람 입장으로 그들을 본 것이었다. 그렇기 때문에 내 안에 분노가 더 심했던 것 같다. 그들의 배신에 분노한 것은 그 자체로 이미 내 안에 그들을 무시하는 마음이 있다는 것이었다.

내 스스로 높은 담을 쌓아 놓고는 그들이 친구가 되지 않는다고 그들을 미워했다. 내가 사역자라 한다면 나는 그들과 함께해야 했다. 그것이 바로 예수님 마음이었다. 예수님은 '위하여'(for)의 개념이 아닌 우리를 위해 우리와 '함께'(with)하여 주셨다. 만일 예수님이 단지 '우리를 위해' 왔다면 그분은 인간의 왕으로 오셨을 것이다. 그러면 한번에 해결된다. 그러나 예수님은 낮은 '우리와 함께'하기를 선택하셨다.

누구를 위하여 주는 도움은 도움을 받는 사람들의 자존감을 망친다. 도움을 받은 사람은 자신들을 돕는 그들에게 앞에서는 감사해 한다. 하지만 뒤돌아서면 무엇인가 찜찜한 마음을 품는다.

가난한 사람들은 그 찜찜함의 정체를 당장은 잘 알지 못한다. 그 찜찜함은 바로 열등감이며 훼손된 자존감이다. 이렇게 조금씩 자존감에 상처를 입다가 자신들을 돕던 이들이 잘못이라도 저지르면 마음속에 도사리고 있던 찜찜함이 열등감이라는 옷을 입고 엄청난 분노로 나타난다. 나는 결국 나의 섬김과 봉사로 이들의 자존감에 상처를 입힌 것이다.

"작은목사, 이해했어?"

생각에 골몰해 있는 나를 깨우는 주인어른의 말에 정신이 번쩍 들었다.

"아, 예…. 잘 알았습니다."

그 일을 통해 예수님이 가난한 사람들에게 어떤 마음으로 접근했는지 진리를 발견했다. 그 뒤 나는 그들의 친구가 되기 위해 노력했다. 그들과 함께하기 위해 그들의 문화에 들어가는 노력을 시작했다. 밤이면 장사를 하고 낮에 잠을 자는 것을 쪼개 쪽방촌에 들어와서 놀이터로 출근하였다. 쪽방 공터 놀이터는 쪽방에 사는 반건달들이 매일 술을 먹고 짤짤이(동전으로 하는 홀짝놀이의 한 영역)를 하는 곳이다.

술판이 벌어져 있으면 슬그머니 사이를 비집고 들어가 앉았다.

"야, 너 뭐야? 어? 나사로의집 김전도사잖아. 그런데 어쩐 일인가?"

"아저씨들이 깡으로 술 드시고 있어서 안주 사 왔어요."

가게에서 사 온 구운 오징어 안주를 내놓았다. 사람들 입이 귀에 걸렸다.

"이야, 웬일이야. 자네도 한잔하지."

"어휴, 난 술만 먹으면 바로 취해서 죽어요. 그냥 사이다나 먹을게요."

그러고는 사이다에다 오징어를 안주 삼아 씹어 먹었다. 여하튼 안주를 들고 들어간 나를 사람들은 흔쾌히 받아 주었다. 그 뒤 시간만 나면 안주를 만들어 놀이터로 갔다.

술을 먹으면 이 사람들 오래전 옛날 양동 시절 이야기를 주로 했다. 몸 파는 여성들 기둥 서방으로 지내던 그 시절의 이야기였다. 알고 보니 문신은 그냥 유행처럼 새긴 것이었다. 깡패도 아니요, 건달도 아니었다. 그저 남들 다 하니 문신을 한 거였고(나중에야 알았지만 여기엔 문신 없는 사람이 하나도 없었다), 완력이라고는 제대로 쓸 줄도 몰랐다. 정말 다른 사람들과 별반 다르지 않았다.

자꾸 하니 짤짤이도 제법 늘었다. 그러다 어느 순간에는 딴 돈도 일부러 조금씩 잃어 주었더니 얼마나 좋아라 하는지. 어느덧 나는 그들과 '어울리는' 친구가 되었다. 그해 겨울, 나사로의집 쉼터를 다시 만들어야 했는데, 그때 이 사람들이 두 팔 걷고 나서서 도와주었다. 정말 새로운 친구들이 생긴 것이다. 이 땅의 고아와 과부와 나그네의 친구 되신 예수님, 그 길로 이제 조금씩 들어가는 것을 느낄 수 있었다.

나는 쪽방촌 사람이 되었다. 이게 친구다.

2

고난의 불속에서도
하나님의
방식을
타협하지 말라

하나님은 나를 정말 쓰고 싶으셨나
보다. 하나님은 자신의 백성으로 우리
를 쓰시기 위해 우리를 연단하신다.

　　　　　나는 원래 조직신학을 전공해 신학교 교
수가 되고 싶었다. 그러나 나의 꿈과 하나님의 뜻은 전혀 다
른 방향으로 가고 있었다. 1997년 초, 신학교 3학년이 되는
시점에 형님 사업이 부도가 났다. 워낙 사업 수완이 좋은 형
님이었기에 형님의 부도는 우리 가족과 친척 모두에게 충격
이었다.

　형님이 사업을 잘할 때는 많은 친척들이 은행이자보다 형
님이 돈을 더 쳐 준다고 형님에게 사업자금으로 쓰라며 돈을
억지로 빌려 주었다. 그리고 형님은 그분들에게 2부 이자를
주어 그 돈을 활용했다.

　그런데 지인 한 명에게 사기를 당해 결국 사업이 부도가
나고 말았다. 그 뒤 친척들과 형님에게 돈을 빌려 준 사람들
이 우리 집에 와서 돈 내놓으라고 행패를 부리기 시작했다.

　채권자들에게 고통을 당해 본 사람들은 알 것이다. 매일
매일 채권자들이 걸어 오는 전화와 협박 그리고 행패로 인해
우리 남은 가족들은 엄청난 고통 속에서 하루하루를 살았다.

결국 집에서도 쫓겨나 시장의 작은 사글셋방으로 옮겨 가게 되었다. 이사를 오면서 우리 가족은 참 많이 울었다. 나는 우리 가족을 이렇게 만든 하나님을 이해할 수가 없었다. 아니 이해하기도 싫었다. 그만큼 우리 가족은 형님의 빚으로 인해 엄청난 고통을 당하고 있었다.

이러한 끔찍한 상황에서 나 하나 잘 먹고 잘살겠다고 유학을 가고 교수가 되는 것은 꿈꿀 수가 없었다. 아니 유학은 고사하고 등록금도 낼 수 없는 형편에 학교를 졸업하는 것도 기적이 돼 버렸고, 게다가 아버지 어머니를 부양해야 하는 책임까지 떠맡았다. 어린 내가 감당하기에는 너무 큰 시련이었다.

"하나님, 하나님 뜻이 무엇입니까? 제가 나쁜 길 걷는 것도 아닌데, 신학교 교수가 되어 복음을 증거하겠다는 내 꿈이 잘못된 것입니까? 하나님, 어떻게 해야 합니까? 어떻게 해야 하나요?"

그랬다. 내 인생의 미래가 온통 암흑 천지인 듯했고, 어떻게 이 어려움을 극복해야 할지 나는 전혀 몰랐다. 그때 하나님은 나의 고민에 답해 주지 않으셨다. 기도해도 답이 없는 우리 하나님. 하나님의 뜻을 알 수 없었던 나는 그해 결국 신

학 공부를 포기하고 형님을 대신해 부모님이 떠맡은 채무를
갚기 위해 과일 장사를 시작했다.

과일 장사를 위해 들어온 영등포 시장은 내가 만난 이상하
고 낯선 또 하나의 세상이었다. 나는 신학교 다닐 때 제법 공
부를 잘했다고 생각한다. 전교 수석도 하고 차석도 하고 일
반 장학금은 거의 받았던 것 같다. 그런데 나름대로 학교 다
닐 때 인정을 받던 내가 시장이란 곳에 들어오니 무식하고
아둔하고 모자란 놈이 되어 있었다.

시장은 참 이상한 곳이다. 그곳에서는 내가 한번도 써 보지
못한 말을 한다. 분명 우리 나랏말인데 좀체 알아들을 수가
없었다. 모든 남자를 '형님'으로 칭하고 모든 여자를 '언니'
라고 부른다. 간혹 '사장님'이라고 손님을 부르지만 손님의
얼굴을 몇 번 익히면 '형님'으로 불러야 사람들은 좋아했다.

어느 날 손님이 찾아와 물었다.

"어이~ 동생, 여기 귤 고미로 묶어서 얼마 때릴래?"

"예? 고미로 묶다니요?"

"아, 이 사람아, 센타 중심으로 고미로 얼마 때릴 거냐고?"

무슨 말인지 몰라 계속 버벅버벅대자 손님은 '뭐 이런 데
가 있어?' 하면서 그냥 가 버렸다.

귤은 크기 별로 1번부터 10번까지 나눈다. 4, 5, 6번이 센 터고 그 나머지 앞뒤로 해서 가격이 저마다 다르다. 1번은 가장 작고 10번은 가장 크다. 가장 작은 것은 작아서 상품 가치가 없고 가장 큰 것은 커서 상품 가치가 없다.

그래서 가운데 중심으로 해서 4, 5, 6번은 정상가격을 받 는다면 1, 2번과 8, 9, 10번은 저마다 크기에 따라 다른 가격 으로 판매한다. '센터를 중심으로 고미로 묶어 얼마 때리냐' 라는 말은 센터를 중심으로 저마다 가격을 다르게 하지 말고 일괄 평균해서 얼마에 전체를 다 팔겠냐는 뜻이었다.

시장 언어는 일본 말이 많다. 그래서 내가 모르는 말이 많 았고 전문적인 언어를 몰라 버벅댈 때마다 사람들은 나를 비 웃었다. '바보 같다, 얼마나 시장에서 버틸지 내기 할까'라는 등 말들이 많았다.

그랬다. 나는 지금 이 낯선 세상의 사람이 아니었던 것이 다. 그래서 언어가 달랐고, 잘 이해하지 못하는 언어는 나의 자존감을 한없이 낮추었다.

하지만 하나님의 방법은 실로 놀라웠다. 나는 목회를 하면 서 당시 경험들이 목회에 도움이 되리라고는 상상도 못했다. 하지만 주님은 2012년의 나를 위해 4년 동안 시장이라는 광야 생활을 하게 하신 것을 지금에서야 알게 되었다. 이때의 경험이 훗날 탈북자 사역에 큰 힘을 발휘했다. 탈북자를 이해하는 데 그때의 경험이 많은 도움이 되었다.

탈북자들은 거의 우리와 동일한 언어를 쓰지만 문화적 차이 때문에 영어 표현은 아주 기초적인 것조차도 전혀 모른다. 언어를 이해하지 못하니 직장에서도 실수하기 일쑤고 사람들은 그걸 두고 무식하고 촌스럽다며 따돌리고 놀려 댄다. 이러한 선입견들이 결국 이들의 자존감을 낮게 하여 더 자신감 없는 사람들로 만들어 가는 것이다.

나는 장사 초기 '나는 무식하고 못난 놈이구나'라는 생각에 절망의 시간들을 한참 보냈다. 하지만 이러한 문화적인 언어 차이는 시간이 지나고 사회의 작은 관심과 사랑이 곁들여지면 해결된다. 그래서 탈북자들을 사랑으로 인내하며 기다려 주면 그들도 결국 우리와 같이 모든 말을 잘 이해하는 사람으로 변하는 것을 과일 장사의 경험을 통해 알게 되었다.

나는 이 경험을 살려 후에 'capability conversion project'라는 교육 프로그램을 만들었다. 바로 자존감 회복 교육이다. 능력 전환이라고 하는 이 프로젝트는 북한에서 쓰던 그 능력을 남한에서 그대로 발휘할 수 있도록 자존감 회복에 도움을 주는 교육 프로그램이다. 자존감을 회복시켜 주는 것만 큼 중요한 교육이 없음을 나는 이때부터 생각하게 되었다.

욕심이 우리를 바보로 만든다

처음 장사를 하면서 우연히 형님 옛 거래처 분이 소개해 주어 대부도에서 포도를 매일매일 사다 팔았다.

나는 장사를 할 줄 몰랐다. 사 온 물건을 제값 주고 팔기는 커녕 항상 밑지고 팔았다. 내가 정직하게 장사를 하면 사람들이 나를 믿어 주고 내 물건을 팔아 줄 거라 생각했다. 그래서 다른 이들과 달리 원가를 공개하고 사 온 물건에 운임과 하차비를 빼고 천 원만 정확하게 붙여 팔기로 마음먹었다.

하지만 내가 아무리 밑지고 판다고 말해도 좀체 믿으려 하질 않았다. 오히려 물건에 하자가 있어 그런 거 아니냐며 돌아서 가 버렸다. 그런데도 원칙을 바꾸지 않는 나를 보며 사람들은 내가 언제 시장을 떠나나 내기까지 했다.

한번은 내가 불쌍해서인지 옆에서 장사를 하는 동생이 찾아왔다.

"형님, 그렇게 바보처럼 장사하면 안 됩니다. 벌 때 벌고 밑질 때 밑지고 해야지. 오늘같이 물건 양이 딸릴 때 확 올려 받아야지. 참 답답합니다. 형님, 생각해 봐요. 물건이 시장에 많으면 못 팔고, 그러면 형님 밑질 거 아니에요.”

“그렇지. 그건 나도 아는데.”

“아따~ 형님, 답답하요. 그러면 그때 천 원만 까집니까? 짝당 5천 원도 밑지는 게 이 장사인데 벌 때 꼴랑 천 원 벌면 나중에 어케 할려고 그랍니까?”

“그런가? 그래도 그때는 내가 밑지니까. 천 원만 밑진다고 하면 안 들어 줄까?”

“내 참 답답해서. 이제 형님하고 이야기 안 할랍니다.”

나를 위한다고 한참 충고해 준 그 동생도 내가 너무 답답했는지 몇 번 이야기하다 포기했다. 나는 그러던지 말던지 계속 원가를 공개하고 물건을 팔았다.

어느 날 포도를 파는데 영등포 시장에 좋은 포도가 없었던 적이 있다. 한 젊은 분이 오시더니 내 포도를 보면서 이야기를 걸어 왔다.

“어이~ 동생, 포도 얼마야?”

“예, 형님. 제가 이거 운임과 하차비 다 포함해 만 원에 사 왔는데 천 원만 붙여 주세요.”

늘 하던 방식대로 무식하고 단순하게 '원가 공개+천 원 더하기' 공식으로 물건 값을 알려 주었다. 그러자 손님은 나를 이상하게 쳐다보았다. 아마도 물건에 하자가 있지 않나 의심하는 듯했다.

"물건 좀 봐도 되지?"

"예, 물론이에요."

'특'(포도는 크기에 따라 특, 상, 중으로 표시한다)이라 표시된 상자를 내려서 물건을 보여 주었다. 그리고 상(上)까지 내려 뜯어 보여 주면서 매번 하듯이 이야기했다.

"상은 7천 원이니까 8천 원 주시면 됩니다."

"동생, 모두 몇 짝 있어?"

"전체 다른 하주(생산자 농민 이름을 시장에서는 이렇게 부른다) 전부 합쳐 100짝입니다."

"그래. 이 물건 내 차에 다 실어."

장사 시작하고 처음으로 물건을 다 팔았다. 천 원씩 100짝 해서 그날 하루 무려 10만 원을 벌었다. 너무 기뻐 날 듯이 물건을 실었고, 형님도 좋은 물건 싸게 샀다고 기분 좋게 웃으며 다음에 또 오겠다고 돌아갔다.

그런데 주변 상인들은 그날 포도가 양이 많지 않아 다들

만 5천 원에 판매했는데, 혼자만 값을 적게 받았다며 나를 비웃었다. 사람들은 내가 마치 40만 원을 잃어버린 것처럼 놀렸지만, 나는 40만 원을 못 번 게 아니라 10만 원이나 번 것이다.

욕심은 사람의 눈을 멀게 한다. 그리고 욕심은 끝이 없다. 내가 원하는 것을 손에 쥐고 있으면서도 욕심은 내가 가진 물건을 발견하지 못하게 하는 능력이 있다. 그래서 욕심은 무서운 것이다.

다음날은 포도값이 올라 한 상자에 만 5천 원씩 쳐 주고 사 왔다. 새벽 2시, 그 형님이 다시 와서는 어제 그 하주들의 포도를 찾았다.

"형님, 사실 어제 포도값이 많이 올라서 오늘은 만 6천 원 주셔야 하는데요."

포도 값이 갑자기 올라 자신을 속이는 게 아닌가 의심할까 싶어 자신 없게 이야기했다.

"그래? 몇 짝 있어?"

"오늘은 80짝인데요."

"그거 다 실어."

"예? 또 다요?"

"그래, 전부 다 실어."

너무 흥분이 되었다. 이틀 연속 새벽에 물건을 모두 판 것이다. 그날 하루 8만 원을 벌었다. 이런 식으로 하루 8-10만 원을 벌면 한 달에 주일 빼고 거의 200만 원 이상을 벌 수 있었다. 사실 그날도 다들 나보다 상자당 4천 원씩 더 올려받은 터였다. 그들 계산법으로 보자면 나는 8만 원을 번 게 아니라 32만 원을 잃은 것이었다. 하지만 8만 원의 소득이 내게 주는 행복은 더할 나위 없이 컸다. 그만큼 나는 물건을 모두 판 것에 정말 만족해하며 행복해하는 단순한 초보 장사꾼이었다.

다음날은 좋은 포도를 2만 원에 사 와 그 형님께 2만 천 원 받고 모두 팔았다. 형님이 이번에는 포도 상자를 열어 보지도 않았다. 포도 상자를 트럭에 싣는데, 형님이 말을 건넸다.

"동생, 물건 싣고 나하고 커피 한잔 하자."

"예, 형님 그러지요."

고난은 인생의 '과정'이지 '끝'이 아니다

그날 새벽, 사장 형님과 함께 리어카 커피를 시켜 마시며 대화를 시작했다.

"동생, 동생은 장사꾼 같지 않은데, 정체가 뭐야? 왜 여기서 장사를 하지?"

"제가 그렇게 보였어요?"

머쓱해 하면서 내 이야기를 간략하게 정리해 이야기하였다. 신학을 전공하다 형님 사업이 부도나는 바람에 부모님을 모셔야 해서 장사를 시작했으며, 빚만 다 갚으면 다시 신학을 하여 목회를 할 생각이라고 이야기했다.

형님도 자기 이야기를 해 주었다. 자신도 교회를 다니고, 지금은 학교 급식과 대형마트 등에 납품을 하고 있단다. 그런데 매번 새벽에 직접 나오기 너무 힘들고 과일 시세도 변동이 심해 잘 모르겠다 했다. 그런데 나와 며칠 거래해 보니 정말 정직하게 천 원만 붙여서 팔기에 내가 범상치 않아 보였다 했다.

"사실 동생, 나도 물건 사고 매일매일 시장 가격 알아보고 있었거든. 그런데 3일 동안 정말 천 원만 붙여 팔더구만. 그렇게 장사하면 언제 크겠어. 그래서 동생을 믿고 이야기하는데, 만일 내가 사야 될 물건을 이야기하면 지금처럼 동생이 사서 딱 천 원만 붙여 팔겠다고 약속하면 내가 동생에게 물건 주문할게. 어때?”

얼른 계산해 봐도 이분이 하루에 포도나 다른 과일을 50짝에서 100짝만 팔아 주어도 나는 하루 5만 원에서 10만 원을 고정적으로 벌 수 있었다.

“형님이 저를 믿고 주문해 주시면 실망시키는 일은 없게 하겠습니다.”

“그럼 다음 주부터 주문서 넣을 테니 잘해 보자.”

다음 주부터 발주 주문서가 들어왔고, 별 기대 없이 받기 시작한 그 발주서가 내 장사 인생을 완전히 바꾸어 주었다.

여름철에는 수박을 한번에 2천 통씩 주문했고, 포도철에는 한번에 500짝씩 사는 경우도 있었다. 그리고 한 품목이 아니라 포도, 방울토마토, 수입과일 품목까지 점점 종류도 다양해졌다. 그렇게 형님이 주문한 물건을 가락동 시장과 영등포 시장을 오가면서 사 놓고 형님 회사에 납품하는 일을 계속했다.

시장 안에서 나의 신용도도 점점 올라갔다. 재고를 끌어안고 쩔쩔매던 시장상인들은 내게 와서 자기 가게 물건 좀 빼 달라고 통사정하는 일까지 생겼다. 이후 학교 급식용으로 납품하는 일도 맡았고, 마트 납품 도매업도 하게 되었다.

그렇게 4년. 마침내 그 엄청난 빚을 모두 갚았다. 그뿐이 아니었다. 형님이 빚으로 빼앗긴 사업장을 내 돈으로 다시 구입했다. 그리고 그 가게에 '21세기 상회'라고 간판을 거는 날, 그간의 고생과 서러움이 한꺼번에 밀려와 굵디굵은 회한의 눈물을 참 많이도 흘렸다.

장사를 처음 시작할 때 하나님의 의도를 전혀 몰랐다. 가진 것도 없고 배운 것도 부족한 데다 내성적이고 시장 사람들 말도 잘 모르는 나를 하나님은 정말 쓰시고 싶었나 보다. 하나님은 자신의 백성으로 우리를 쓰시기 위해 우리를 연단하신다. 저마다 개인 성향과 환경을 고려하여 하나님의 연단은 다를 것이다.

4년간 나의 연단은 정말 고통스러웠다. 모든 꿈을 무너뜨렸고, 빈털터리가 되었으며, 모든 사람들과 결별해야 했다. 그렇게 4년 동안 모든 것을 다 잃어버렸다. 하지만 돌아보니 다 잃어버렸기 때문에 더 감사한 것이 많았다. 받은 축복이 너무 많았다. 사실 4년 전 내게 형님이 진 빚은 감히 갚을 생각도 못할 만큼 어마어마했다. 그런데 4년이라는 짧은 시간에 그 빚을 다 갚았다.

그리고 돈보다 더 중요한 것을 배웠다. 무너진 자존감을 세우며 사람을 생각해야 하는 탈북자 사역의 기초를 거기서 배웠다. 장사의 기술과 경영을 그때 배웠고 훗날 열매나눔 재단을 통해 그런 일을 하게 되었다. 원칙과 기본을 배웠다. 내 인생에서 터닝 포인트는 내가 가장 힘들다고 하나님을 원망하고 억울해 하던 4년간의 광야의 세월인 과일 장수 시절이었다.

나는 본래 내성적이었다. 그런데 장사를 하면서 잠재돼 있던 외향적인 성향이 날개를 달았다. "제게 어떻게 이러실 수 있습니까?" 하고 하나님을 원망하며 시작했던 장사가 나도 모르는 사이 나를 세상의 리더로 훈련시켜 주었다. 드라마로 만든다면 제목을 '역전의 하나님'이라 하면 좋을 듯싶다.

고난과 고통 속에서 하나님의 깊은 뜻을 이해하기란 불가능하다. 그래서 고난과 고통 가운데 그 뜻을 이해하려고 하기보다는 기도해야 한다. 하나님 뜻을 알 수 없기에 그분을 원망할 수 있다. 하지만 길어지면 안 된다.

어렵지만 원망보다는 하나님의 뜻이 무엇인지 기도하며 물어보아야 하고, 발견하게 해 달라고 기도해야 한다. 그리고 말도 안 되지만 내게 온 그 고난을 최대한 억지로라도 즐기도록 노력해야 한다. 최선을 다해 그 자리에서 열심히 내가 당한 그 현재에 충실해야 한다.

요셉이 그랬다. 그는 종으로 가서도 그 직에 바름과 정직으로 최선을 다했다. 성실했다. 그래서 사람들에게 쓰임을 받았다. 그러나 그런 요셉을 사탄은 가만 두지 않았다. 또 고난이 왔다. 그러나 그는 감옥에 가서도 그 직에 최선을 다했다. 성실했다. 그래서 또 쓰임을 받았다. 만일 그가 더 어려운 고난에 처한다 할지라도 그는 또 그 직분에 충실하였을 것이다.

사탄도 그런 그를 알고 결국 포기한다. 요셉 같은 사람에게 자신의 시간을 뺏기기보다는 다른 먹이를 찾아 사탄도 이동한 것이다. 사탄이 포기한 요셉. 마침내 그는 애굽의 총리로 준비된 자로 주님의 쓰임을 받았다.

그 모든 일련의 과정이 하나님의 사람으로 빚어지는 과정이었다. 하지만 하나님만 아실 뿐 정작 고난 속에 있던 요셉은 그분의 뜻과 결론을 전혀 몰랐다. 그래도 그는 기도하며 그 직분에 최선을 다했다. 그분의 궁극적인 뜻을 모르기 때문에 그냥 자기가 처한 그 자리에서 그대로 그분을 믿고 기도했다. 이게 내가 경험을 통해 배운 하나님 뜻을 아는 방법이다.

그냥 지금 내가 고통과 고난을 받는다 생각해도 내 자리, 지금 있는 그 자리에서 성실하게 최선을 다하여 직분에 충실하면 그 고난은 반드시 지나간다. 그리고 그 고난은 연단으로 나를 하나님 앞에 새롭게 거듭나게 할 것이다. 이게 내가 경험을 통해 배운 가장 귀한 교훈이다.

나는 지금 행복하다. 하지만 조만간 고난과 고통이 찾아오리란 걸 안다. 그게 순리이다. 사람이 살면서 느끼는 4가지 감정인 희로애락(喜怒哀樂)은 사는 동안 늘 우리와 동행한다. 우리 믿음의 사람의 인생도 마찬가지이다. 기쁘면 슬퍼질 것이고 슬프면 기뻐질 것이다. 언제나 기쁜 사람 그래서 매일 머리에 꽃을 꽂고 있으면 이는 정신이 나간 사람일 것이다. 반대로 언제나 슬픈 사람도 정신이 나간 사람일 것이다.

영원히 고통 가운데 있는 것은 미치거나 죽어 지옥에 가야만 가능하다. 반면 영원히 기쁨 가운데 있는 것도 미치거나 죽어 천국에 가야만 가능할 것이다.

그래서 나는 지금 행복하면 고난을 위해 준비한다. 왜냐하면 내가 살아 있기에 고난도 올 것이 분명하기에 그렇다. 그래서 나는 기도한다. 영적으로 말씀을 읽고 다가올 고난을 준비한다.

또 나는 고통스러울 때 고통 가운데 주저앉지 않는다. 영원히 고통스러운 것은 죽어서밖에 없다는 것을 알기에 내가 살아 있으면 고난은 지나간다. 그래서 나는 고난이 찾아와도 좌절하기보다는 '또 왔군. 또 기다리면 되는군' 하고 다짐하면서 현재 내가 하는 일에 집중하며 그 고난을 풀어 넘어간다.

3

날 기다려 주시는 예수님처럼 사람들을 기다려 주라

'내가 저한테 얼마나 잘해 주었는데, 어떻게 그런 나를 배신하고 불을 지르고…….' 2년 동안 내가 그에게 베푼 은혜를 생각하니 더 참을 수 없었다.

사역을 하다 보면 가끔 나와 같이 빈민 사역을 하고 싶다며 찾아오는 후배 신학생들이 있다. 그들이 오면 꼭 물어본다.

"목사님, 어떻게 하면 빈곤 지역의 섬기는 사역자가 될 수 있습니까?"

나는 간단하게 대답한다.

"가난한 사람들이 미칠 듯이 싫어질 때, 정말 미안한 이야기이지만 그분들에게 당하고 또 당해서 그분들이 너무 미워서 그 사역을 포기하고 싶을 때 찾아오세요. 그러면 사역자가 되는 길을 알려 드리겠습니다."

그러고는 후배들을 돌려보낸다.

쪽방촌에 들어온 지 5년 정도 되었을 무렵의 일이다. 쪽방촌 사람들과 나는 그사이 친구가 되어 있었다. 쪽방에 그냥 있으면 심심하다고 나사로의집 사무실에 나와 자원봉사를 하던 현범이도 내가 만난 좋은 친구 가운데 한 사람이다. 현범이는 2년 동안 우리와 함께 있으면서 힘든 목욕탕 청소도

도왔고 무료 급식실 나눔도 함께해 주었다. 우리는 현범이를 친구로 동역자로 생각하면서 우리 가족 모임에도 함께 참석했다. 그만큼 현범이를 믿었고, 또 좋았다.

그해 겨울, 사회복지 공동모금회에서 쪽방촌 주민들을 위한 설 선물로 5만 원권 농협상품권을 나누어 주었다. 전체 용산 지역 쪽방 거주민과 중구 지역 내 1,700명의 쪽방 주민 명단을 내가 작성했는데 그만 실수로 현범이를 명단에서 빠트렸다. 나사로의집과 워낙 가깝게 지내다 보니 쪽방 주민이라고 생각 못하고 일반 주민처럼 여겼던 탓이다. 상품권을 나누어 주다 현범이가 명단에서 빠진 걸 발견하고는 진심으로 사과하며 말을 건넸다.

"현범아, 내가 실수로 현범이를 명단에서 빠트렸네. 바로 모금회에 추가 명단 올려서 받게 해 줄게. 조금 늦게 받아도 괜찮겠지?"

"아이고, 저는 괜찮아요. 먼저 노인 분들 주시고 나서 저 주시면 돼요."

역시 현범이는 여느 쪽방 주민과 달리 쿨했다.

며칠에 걸쳐 상품권을 나눠 주는 전쟁을 치르고 났더니 무척 피곤했다. 그날도 지쳐서 집에 돌아와 쉬는데 직원이 잔뜩 흥분해서는 센터에 불이 났다며 전화를 걸어 왔다. 순간 내 안에 '올 것이 왔구나' 하는 느낌이 들었다.

쪽방촌은 열악한 환경 속에서 수많은 사람들이 그 옛날 하꼬방 판자촌처럼 다닥다닥 붙어 살았기 때문에 늘 화재에 주의하라고 교육을 시켰다. 그런데 정작 관리를 하고 도움을 주어야 할 나사로의집에서 불이 나다니!

나사로의집 앞은 소방차와 경찰차로 복잡했다. 다행히 불이 초반에 잡혀 큰 불로 번지지는 않아 내가 도착했을 때는 불길이 잡혀 있었다.

"어떻게 된 거예요?"

먼저 나와 있는 간사에게 물어보았다.

"현범이가 저녁에 술 먹고 와서 나사로의집에 불을 질렀대요."

"현범이가 왜? 지금 현범이 어디 있어요?"

"아까 경찰들이 남대문 경찰서로 연행해 갔어요."

가족 같은 현범이가 나사로의집에 불을 질렀다는 사실을 도저히 믿을 수가 없었다.

그날 현범이는 초저녁부터 술을 먹었다고 한다. 그런데 술을 먹던 현범이가 갑자기 빈 병을 자루 가득 담더니 나사로의집까지 질질 끌고 와 유리창을 향해 던지기 시작했다고 한다. 빈 병이 떨어지자 이번에는 병에 기름을 붓고 거기 불까지 붙여 나사로의집을 향해 던졌던 것이다.

사무실이 물과 그을음으로 난장판이었다. 하지만 그건 치우면 되는 일이었다. 내가 더 가슴 아팠던 건 가족 같은 현범이가 나사로의집에 불을 지른 일이었다. 경찰서 유치장 안에 갇힌 현범이를 만났다.

"현범아, 왜 그랬니?"

나를 바라보는 현범이의 눈에는 전에 한번도 보지 못한 독기가 서려 있었다.

"왜 내 상품권은 빠뜨리고, 다른 놈들 것만 챙겨 주는 거예요?"

"현범아, 내가 실수로 빠뜨려서 미안하다 했잖아. 나중에 준다고도 말했고. 너도 괜찮다며. 내가 안 준다고 했냐? 나 못 믿어서 그런 거니? 내가 5만 원 상품권 안 줄 것 같아 그런 거야?"

현범이는 끝내 아무런 대답도 하지 않았다. 가슴이 찢어지는 듯 아팠다. 선처를 바란다고 부탁하고 나와 나사로의집으로 돌아왔다. 처참한 모습의 상담센터가 꼭 내 마음 같았다.

2년 동안 식구처럼 지냈는데 5만 원 때문에 이렇게 엄청난 일을 저지른 현범이를 이해할 수 없었다. '이놈의 세상은 믿을 놈이 하나도 없는 것인가? 다른 사람이면 모른다. 그러나 현범이는 가족이라고 생각했는데, 친구라고 생각했는데, 어떻게 이럴 수 있을까? 내가 저한테 얼마나 잘해 주었는데. 내가 얼마나 저를 위해 주었는데, 내가 자기에게 해 준 게 얼마나 많은데, 어떻게 그런 나를 배신하고 불을 지르고….'

2년 동안 그에게 베푼 은혜를 생각하니 더 참을 수 없었다. 시시때때로 쌀도 퍼 나르고, 구제 물품도 일부러 더 챙겨 주고, 겨울이면 내복도 넣어 주고….

그런데 딱 한 번 상품권 늦게 준다고 나사로의집에 불을 지르다니! 도저히 용납할 수 없었다. 현범이가 2년 동안 보여 준 모습들이 모두 거짓 같았다.

나 같은 죄인을 기다려 주시는 은혜

그 밤, 하나님께 엎드려 기도했다.

"하나님, 이런 세상이 어디 있습니까. 믿을 놈이 하나도 없습니다. 어떻게 현범이가 나에게 이럴 수 있습니까? 가난한 놈들은 왜 저렇게 나쁜 겁니까?"

기도하는 중에 수없이 나를 배신한 가난한 사람들을 비판하고 욕하며 나의 힘든 상황들을 하나님께 주저리주저리 풀어 놓았다. 그런데 어느 순간 내 심령에서 하나님께서 이야기하시는 것이 느껴졌다.

"범석아, 그들이 그렇게 너를 속이고 너를 힘들게 하는 게 뭐가 이상하냐? 그것이 정상이란다. 그들은 어려운 환경 속에서 어떻게든지 살아남고자 본능적으로 거짓말하고 질투하고 배신을 하게 되어 있다. 이러한 배신은 살고자 하는 인간의 본능이며 창조 이후 타락 사건에서 나온 원리이다. 누구도 그 자리에 있지 않고서는 이들의 배신에 돌을 던질 수 없다. 다시 말해 그들이 그렇게라도 살아남고자 하는 것은 인간 누구나 갖고 있는 본성인 것이다. 그러니 너는 당연히 그들에게 배신당하게 되어 있어. 당연한 것을 당하고 와서 무에 그리 억울해 하냐?"

"하나님, 어떻게 그게 당연합니까? 적어도 사람이라면 자기를 돌봐주고 또 친구가 되어서 열심히 같이 일했으면 그렇게 하면 안 되는 것 아닙니까? 내가 자기를 식구로 얼마나 사랑하고 위하고 친구로 지냈는데…. 저를 배신한 현범이가 용서가 되지 않습니다.”

“그래, 그가 너를 배신한 것이 그렇게 속상하냐?”

“네. 저놈은 정말 나쁜 놈입니다.”

“범석아, 한번 생각해 봐라. 넌 나를 더 많이 배신하지 않았니? 하지만 나는 너를 끊임없이 기다려 주었다.”

갑자기 뒷머리에 전기가 오는 듯한 느낌을 받았다. 내 안에 무엇인가 깊은 곳에서 내가 한 모든 비판과 욕들이 거울로 나를 들여다보게 했다.

> 너는 네 눈 속에 있는 들보를 보지 못하면서 어찌하여 형제에게 말하기를 형제여 나로 네 눈 속에 있는 티를 빼게 하라 할 수 있느냐 외식하는 자여 먼저 네 눈 속에서 들보를 빼라 그 후에야 네가 밝히 보고 형제의 눈 속에 있는 티를 빼리라(눅 6:42).

현범이는 홧김에 술을 먹고 욱하는 마음에 그런 일을 저지른 것이었다. 그런데 그 한 번의 잘못으로 나는 현범이를 원망하고 가난한 사람들을 원망하고 하나님을 원망했다. 나는 어떠한가? 나와 하나님 관계를 생각해 보았다. 과연 나는 하나님이 베푼 은혜와 사랑에 감사하여 그분을 배신하지 않고 사는 것인가? 돌아보니 내가 하나님께 한 배신 행위는 그 수를 헤아릴 수 없었다.

고등학교 수련회에서 처음 하나님을 인격적으로 받아들이며 나는 은혜로 거듭난 체험을 했다. 그전까지 문자적으로만 다가온 "주 예수를 믿으라 그리하면 너와 네 집이 구원을 받으리라"(행 16:31)라는 그 말씀이 거듭난 체험을 한 후에는 생명의 능력으로 나를 지배하였다.

하지만 새롭게 태어나 거듭남을 체험했음에도 나는 지금도 죄 가운데 죄와 씨름하며 살아간다. 그리고 내가 아는 한 나는 이 땅에 살면서 죽기까지 끊임없이 죄의 유혹에 시달리며 죄와 싸우며 살아갈 것이다. 그것이 내가 살아 있다는 증거일 것이다.

하지만 영적으로 거듭났다고 한 이후 내 삶은 크게 변했는가? 나는 영적으로 거듭났다고 했지만 그 뒤로도 수많은 영적 전투에서 많은 부분 패배했다. 그리고 그때마다 나는 하나님의 마음을 아프게 했다. 거듭났다고 내 의를 자랑하고 사람들 앞에서 간증할 때는 내가 의인이 된 것처럼 행동했으나 다시금 홀로 주님 앞에 있을 때는 하나님께 범죄한 일들이 너무 많았다. 나는 그때마다 바울의 기도처럼 괴수 중에 괴수인 나 자신에 대해 하나님께 용서를 구했다.

그러면서도 다시 죄를 짓고, 회개하고, 하나님께 용서 받고 하는 그 사이클 속에서 나는 날마다 주님의 사랑을 깊이 체험하며 살아왔다.

그리고 주님은 언제나 나의 회개를 받아 주셨다. 그리고 또 믿고 기다려 주셨다. 그런 은혜 가운데 나는 지금까지 살아가는데, 그런데 나는 현범이가 나에게 한 단 한 번의 잘못을 용서하지 못했던 것이다. 분노를 다스리지 못해 단 한 번 실수한 일에 마음을 다쳐 하나님께 원망하고 기도하는 내 모습을 현범이를 통해 보여 주신 것이다.

내가 하나님을 배신한 것의 수십만 분의 일도 안 될 배신을 한 현범이의 배신에 내가 이렇게 힘든데, 우리 하나님은 나 때문에 얼마나 가슴 아프셨을까 생각하니 또 눈물이 나왔다.

"하나님, 죄송합니다. 제가 무엇이관대 가난한 이들을 욕하고 원망할 수 있겠습니까? 저 같은 죄인도 받아 주시고 지금도 죄 가운데 있는 저를 용서하시는 하나님이신데, 아버지의 은혜를 받고 저는 그 은혜를 베풀지 못하고 있었습니다. 주님, 제가 정말 더러운 죄인입니다. 용서해 주세요."

현범이가 있는 유치장에 다시 갔다. 그리고 현범이를 용서해 달라고 진정서를 정식으로 접수한 뒤 다시 현범이를 만났다. 이미 그도 술이 깨어 있어서 나에게 미안해한다. 나는 그런 그에게 나오면 꼭 다시 찾아오라고 두 손을 꼭 잡아 주었다. 그리고 오히려 내가 미안하다고 이야기하니 현범이가 내 손을 잡고 운다. 우는 현범이를 보니 내가 얼마나 큰 잘못을 저질렀는지 알 수 있었다. 결국 나 때문에, 우리 나사로의집 때문에 현범이는 방화범이 되어 버린 것이다. 미안해서 나도 현범이를 붙잡고 울었다.

'보람'이 아니라 '사명'으로 일하라

그 일 이후 쪽방촌 사람들이 나를 아프게 해도 별로 신경 쓰지 않는다. 그들이 나를 아프게 하는 것은 당연하다. 하지만 시간이 지나고 내가 그들을 끝까지 믿어 주고 그 자리에 그대로 있으면 그들은 반드시 돌아온다.

훗날 탈북자 사역과 아프리카 사역을 그렇게 했다. 많은 사람들이 탈북자 사역을 처음 할 때 나보고 탈북자를 몰라서 실패할 거라 했다. 하지만 나는 감사하게도 탈북자 사역에 실패하지 않았다. 나는 가난한 사람들을 알기 때문이다. 그리고 나아가 탈북자를 믿은 덕분이다. 사역을 하기 시작할 때 나는 우리 직원들에게 동일한 이야기를 해 주었다.

"여러분, 이제 앞으로 사역을 하면 탈북자 분들이 여러분들을 아프게 하고 배신하고 할 겁니다. 보기에 너무 좋은 사람, 너무 착한 사람도 여러분들을 아프게 할 겁니다. 그러나 그것에 놀라지 마세요. 가난한 분들이나 탈북한 분들이나 우리를 아프게 하는 것은 당연한 일입니다. 이것은 그렇게 하도록 되어 있는 일종의 시스템 같습니다.

하지만 아프더라도 우리가 그들을 믿고 기다려 주면 그들은 몇 번의 경험을 통해 우리를 믿고 신뢰합니다. 그러니 배신의 아픔이 오면 '에이, 감기 걸렸네' 하고 빨리 털어 버리세요. 사역자는 아픔을 감기처럼 털고 일어서야 합니다. 자원봉사자들은 보람이 없어질 만한 사건으로 아픔을 당하면 그만두면 됩니다. 그러나 사역자는 보람으로 일하지 않습니다.

사역자는 보람이 아니라 사명으로 일하는 것입니다. 저와 여러분들의 사명은 이들을 섬기는 것이기에 이분들이 우리를 배신한다 할지라도 먼저 그들을 믿고 기다리는 자세를 갖추어야 합니다."

나와 같은 사역을 하고 싶어 하는 후배들과 마태복음 18장 23-35절 말씀을 함께 나누고 싶다.

[23]그러므로 천국은 그 종들과 결산하려 하던 어떤 임금과 같으니 [24]결산할 때에 만 달란트 빚진 자 하나를 데려오매 [25]갚을 것이 없는지라 주인이 명하여 그 몸과 아내와 자식들과 모든 소유를 다 팔아 갚게 하라 하니 [26]그 종이 엎드려 절하며 이르되 내게 참으소서 다 갚으리이다 하거늘 [27]그 종의 주인이 불쌍히 여겨 놓아 보내며 그 빚을 탕감하여 주었더니

[28]그 종이 나가서 자기에게 백 데나리온 빚진 동료 한 사람을 만나 붙들어 목을 잡고 이르되 빚을 갚으라 하매 [29]그 동료가 엎드려 간구하여 이르되 나에게 참아 주소서 갚으리이다 하되 [30]허락하지 아니하고 이에 가서 그가 빚을 갚도록 옥에 가두거늘

[31]그 동료들이 그것을 보고 몹시 딱하게 여겨 주인에게 가서 그 일을 다 알리니 [32]이에 주인이 그를 불러다가 말하되 악한 종아 네가 빌기에 내가 네 빚을 전부 탕감하여 주었거

늘 ³³내가 너를 불쌍히 여김과 같이 너도 네 동료를 불쌍히
여김이 마땅하지 아니하냐 하고 ³⁴주인이 노하여 그 빚을
다 갚도록 그를 옥졸들에게 넘기니라
³⁵너희가 각각 마음으로부터 형제를 용서하지 아니하면 나
의 하늘 아버지께서도 너희에게 이와 같이 하시리라.

4

사명을 감당하다
흘린 땀과
눈물은
결코 헛되지 않다

"범석아, 얼마나 마음이 아팠냐…. 그게 아버지의 마음이다. 나도 내 아들이 죽어가는 것을 보고 마음이 너무너무 아팠단다. 바로 … 범석이 너를 위해서였단다."

누군가를 사랑한다고 이야기하기는 쉽다. 하지만 실제로 누군가를 사랑하는 데는 대가를 치러야 한다. 희생의 대가.

기독교에서는 사랑의 최고 절정인 날을 고난주간이라고 해서 기린다. 예수님이 인간을 사랑하셔서 인간의 구원을 위해 십자가에 달려 죽으신 그 과정을 기념하는 기간이다. 참으로 고통 속에 사랑을 실천하는 날이다. 하나님은 나를 많이 사랑하시는 것 같다. 그래서인지 고난주간이면 매번 나를 예수님의 고난에 참여하게 하신다.

2003년 고난주간이었다. 사무실에 올라가는데 웅성거리는 소리가 들려왔다.

"야, 이년아! 내가 누군지 알아?"

"확 다 불 질러 버린다."

"나가세요. 경찰을 부를 거예요!"

또 누가 술을 먹고 찾아왔나 보다. 아내는 사회복지사이다. 그리고 나의 동역자이다. 그래서 쪽방촌에서 함께 일했다.

그런데 아내가 여자이다 보니 혼자 사무실에 두고 나갔다 오면 자주 이런 문제가 발생한다.

"어, 기봉이 아저씨네? 왜 그래요. 그만 합시다."

"니가 뭔데 지랄이야? 확 다 죽인다."

기봉이 아저씨는 자신은 폭력 전과가 5범이라며 늘 자랑처럼 떠들고 다녔다. 기봉이 아저씨도 과거 서울역 인근이 집창촌일 때 기둥서방 노릇을 하며 젊은 날을 보낸 분이었다. 아저씨는 술만 먹었다 하면 별(?)이 그리웠던지 싸움을 걸고 그러면서 옷을 훌훌 벗어 던졌다. 그런데 술에 취해 몸도 제대로 못 가누는 아저씨를 어르고 달래다 그만 아내가 밀려 넘어지고 말았다.

아내는 임신 6개월째였다. 이곳 생활이 너무 힘들어서였을까, 벌써 여러 번 유산을 했던 터라 최대한 조심하는 중이었는데 이런 일이 벌어졌다. 기봉이 아저씨는 아내가 밀려 넘어지자 미안했는지 조금 쭈뼛거리다 알아듣지 못하는 욕을 해 가며 발로 문을 차고 나가 버렸다.

"여보, 괜찮아?"

흥분해서인지, 다투는 모습에 겁을 집어먹은 까닭인지 아내는 몸을 사시나무처럼 떨었다. 더 이상 일하기가 힘든 것 같아 아내를 집에 데려다 주었다. 아내는 그곳 생활에 쉽게 적응하지 못했다. 가난한 이들을 사랑하는 마음으로 들어오긴 했는데, 그렇게 이유없이 행패를 부리고 사무실 유리창을 깨부수고 할 때면 너무 상처를 크게 받았다. 잘 적응하지 못하는 아내가 늘 걱정이었다.

다음날 출근을 하려는데 아내가 배가 아프다고 했다. 병원에 가 보라는 말만 남기고 걱정스런 마음과 아내를 뒤로하고 출근했다. 그런데 오전 11시, 아내가 울먹이며 전화를 했다. 직감적으로 아이에게 무슨 일이 생긴 것을 알 수 있었다. 아내는 동네 조그만 산부인과에 다녔는데, 갔더니 큰 병원으로 가 보라 했다는 것이다. 그 길로 아내와 함께 가장 가까운 여의도에 있는 병원으로 갔다. 급히 수술이 시작됐다. 실패율이 90퍼센트가 넘는다고 했지만 그 한 가닥 실이라도 잡아야 했다.

"최근에 심하게 충격을 받은 일이 있나요?"

얼른 어제 기봉이 아저씨 사건이 떠올랐다. '어떻게 내게 이럴 수 있지? 내가 누구 때문에 이 고생을 하는데, 대체 우리한테 어떻게 이렇게 하지?'

순간 쪽방 주민 전체가 은혜도 모르는 놈들이 되어 버렸

다. 증오와 분노가 가득한 마음으로 힘들게 힘들게 아이를
살려 달라고 기도하였다. 분노를 딛고 나오는 기도가 힘을
발하지 못해서일까? 수술은 실패했다. 가슴이 너무너무 아
팠지만 이제는 아이보다 아내를 걱정해야 했다.

“선생님, 어떻게 되었습니까?”

“죄송합니다. 양막이 터져서 아이를 출산해야 합니다.”

“아직 6개월인데, 그럼 아이는 죽잖아요!”

“예. 하지만 할 수 없습니다. 그냥 두어도 아이는 죽습니다.”

뱃속에 있어도 죽고 세상에 나와도 죽는 내 아이의 운명.
난 선택할 수밖에 없었다. 이제는 아내의 생명까지 위태로웠
기 때문이다. 결국 수술을 선택했다. 침통한 마음으로 앉았
는데, 의사가 다시 부르더니 원목실로 안내했다.

“죄송하지만 저희 병원은 낙태 수술을 할 수 없습니다. 다
른 병원으로 가십시오.”

“네? 그게 무슨 말입니까? 다른 병원으로 가라니요? 아니
선생님, 이게 낙태 수술입니까? 양막을 밀어 넣는 과정에서
당신들이 실패하여 양막이 터져서 아이가 힘든 상황 아닙니
까? 낙태라니요? 그리고 지금 이 상황에서 어느 병원이 우릴
받아 줍니까?”

"저희도 어쩔 수가 없습니다. 저희 병원은 종교적 이유로 낙태가 금지되어 있습니다."

어처구니가 없었다. 갑자기 그런 말을 하는 원목실 관계자가 성경의 바리새인과 서기관처럼 보였다. 문자와 제도에 갇혀 사람을 보지 않는 그들 같았다.

"저도 목회자입니다. 목회자가 낙태를 하겠습니까? 그리고 어디 이게 낙태입니까? 내 사랑하는 자녀가 죽게 되어 저도 마음이 아파 죽겠는데, 이제는 아내도 같이 죽을 것 같아 둘 다 위험한 상황을 낙태라고 하다니요. 이건 아니지 않습니까. 제발 빨리 수술해 주십시오. 지금 어느 병원에서 우리를 받아 주겠습니까?"

계속해서 원목실 관계자와 의사에게 빌었다. 내 아이를 죽게 해 달라고 비는 내 자신이 너무 싫었고 이상했지만 아내를 살려야 한다는 생각뿐이었다. 그러자 원목실에서 의견을 냈다. 나보고 아이가 죽었다는 사인을 하라는 것이었다. 아이가 이미 죽었고 그래서 아이를 빼내야 한다는 논리였다.

'세상에! 날더러 거짓말을 하라니! 곧 죽을 아이지만 죽지 않은 아이를 죽었다 인정해야 수술을 해 준다니! 이게 정녕 낙태인가? 하나님, 정말 2천 년 전 바리새인과 서기관들을

보고 어떻게 참으셨습니까?'

그들이 미웠다. 하지만 아내를 살려야 했다. 양수가 다 빠진 상황에서 더 이상 아내를 그대로 두면 안 되었다. 그래서 허락했다. 분만 촉진주사를 맞고 세상에 나오면 죽을 아이를 출산하기 위해 분만대기실에 누운 아내는 "내 아기… 내 아기…"만 중얼거리며 연신 눈물을 흘렸다. 나까지 약해지면 안 된다고 마음을 다잡으며 눈물을 꾹 참고 아내를 위로했다.

"여보, 괜찮아. 아이는 또 낳으면 되지. 조금만 참아."

말도 안 되는 위로인 줄 알면서도 내가 할 수 있는 말이 그게 전부였다.

날 위해 아들의 죽음을 참으신 분

난 아내를 위해 그리고 곧 죽을 아이를 위해 아내의 배 위에 손을 올리고 기도했다.

"하나님, 우리 아이 어떻게 합니까? 어떻게 하지요?"

그런데 갑자기 아이가 태동을 했다. 손을 타고 아이의 움직임이 너무 선명하게 느껴졌다. 그 순간 너무 기뻤다. 죽을 것을 알면서도 아이의 태동이 반가웠다. 결국 눈물이 볼을 타고 흘렀다. 눈물을 보일 수가 없어 얼른 일어나 밖으로 나왔다. 참았던 울음이 비명처럼 터져 나왔다. 아이가 너무 불쌍했다.

다음날 새벽녘, 태어난 아이는 사내아이였다. 그리고 아이는 잠시 세상에 있다가 곧 세상을 떠났다. 나와 아내를 남겨두고 우리 곁을 떠났다. 아이의 죽음과 상황을 아내에게 도저히 이야기할 수 없었다. 엄마 뱃속에서 6개월간 같이한 우리 아이. 어제까지 함께 놀던 우리 아이가 내가 이웃을 사랑한다고 들어간 다른 세상의 한 사건으로 죽은 것이다.

목요일, 병원에서 퇴원을 하고 몸조리를 위해 처가로 아내를 데려갔다. 장모님을 뵈니 내가 죄인이 된 느낌이었다. 결혼 후 남들처럼 옷 한 벌도 한번 못 사 준 나의 무능함, 그것도 모자라 더럽고 힘든 데다 위험하기까지 한 쪽방에서의 사역…. 장모님 얼굴을 제대로 뵐 수가 없었다.

"자네 왔나? 고생했네."

그 말씀에 목이 메었다. 끝내 장모님을 바로 보지 못하고 아내를 방에 눕히고 도망치듯이 처가댁을 나왔다. 쪽방에 돌아와 앉았는데, 너무 억울하고 화가 났다. 계속해서 아이의 움직임이 생각나고 느껴졌다.

'내 아이, 내 사랑하는 아이…. 누구를 위한 희생인가? 왜 내가, 우리 가족이 이곳에서 고통을 당해야 하나?' 너무 화가 났고 은혜를 모르는 쪽방촌 사람들이 전부 보기 싫었다. 나는 하나님께 또 투정을 하였다. 매번 같은 투정이었다.

"하나님, 일하기 싫어요. 은혜도 모르는 이곳 사람들 이제 그만 떠나고 싶어요."

진짜 그만하고 싶었다. 포기하고 싶었다. 희망도 내일도 없는 이곳 주민들, 아무리 노력해도 보이지 않는 터널의 어둠 같은 이곳을 나가고 싶었다. 괴로워하며 집에서 눈물로 기도하는 중에 어렴풋 새벽이 찾아왔다. 고난주간 금요일 새벽이었다. 이날 예수님이 십자가에 달리셨다. 이때 내 마음 한편에 조그마한 음성이 들려왔다.

"범석아, 얼마나 마음이 아팠냐…. 지금도 넌 아이를 위해 울고 기도하는구나. 태어나지도 않은 아이를 안고 너가 아파하는구나. 그런데 너 그거 아니? 그게 아버지의 마음이다. 그 아픔이 내가 십자가에 달려 죽은 나의 아들을 바라보며 느낀 나의 마음이다. 나도 아들이 죽어 가는 것을 보고 마음이 아팠단다. 아들이 죽어 가는 그 시간들, 너무너무 마음이 아팠단다. 왜? 왜 내 아들이 죽어야 하지?… 바로 범석이 너를 위해서였단다. 사랑하는 아들아, 이게 나의 마음이다.”

아들이 십자가에 죽는 것을 보시면서도 나를 위해 사랑으로 분노를 참으셨던 하나님의 마음이 느껴졌다. 아들을 죽인 원수들을 위해 지금도 사랑한다고 고백하시는 하나님.

그렇다. 사랑은 이런 것이 아닐까? 나를 돌아보니 나는 가난한 이들을 사랑한다고 말만 했지 내 마음을 다해 하나님처럼 사랑하지 못하였구나 싶었다. 너무나 미웠던 기봉이 아저씨와 쪽방 식구들…. 갑자기 그들을 미워했던 내가 부끄러워졌다. 그래, 기봉이 아저씨가 무슨 잘못이었을까. 그분도 이렇게 될 줄 몰랐을 거다.

다음날 기봉이 아저씨를 찾아가기로 마음먹었다. 그리고 마음속으로 미워한 것까지 용서를 구하리라 다짐했다. 날이 점점 밝아 오고, 내 마음의 먹구름도 서서히 걷혀 갔다. 아내가 보고 싶었다. 사랑하는 내 아내….

그 일이 있고 18개월 후 우린 지금 우리 딸아이 지은이를 만났다. 잠시 우리와 함께했던 첫째아이는 세상을 사랑하는 법을 알려 주었고, 우리 둘째아이는 자녀를 사랑하는 부모의 사랑을 직접 느끼게 해 주고 있다.

3부

좁은 길에서
하나님의
역전을
체험하라

4851

1

결정적 순간에 '좁은 길'을 택한 사람을 쓰신다

"하나님, 왜 저 같은 못난 놈을 쓰십니까? 열등의식 있고, 학벌도 낮고, 찬양도 못 하고, 혀도 짧은 저를 왜 쓰십니까?" 정말 궁금했고 … 두려웠다.

성경의 역사를 자세히 살펴보면 하나님은 당신의 뜻을 이 땅에 이루시기 위해 각각의 역사 속에 한 사람 혹은 한 민족을 선택하신다. 그리고 그와 언약을 맺으시고 그 언약의 관계 속에서 사람과 민족을 통해 하나님은 역사하신다.

하나님은 우리가 믿음의 조상이라고 부르는 아브라함을 선택하셔서 언약의 관계를 맺어 주셨다. 그리고 그를 통해 믿음의 본을 보이게 하셨다. 또한 요셉을 통해 이스라엘을 구원케 하시며 기드온, 드보라, 웃니엘, 삼손과 같은 사사들을 통해 죄와 진노, 회개, 용서의 사이클을 보여 주시며 하나님 사랑의 무한성을 알려 주신다.

그리고 왕정 시대를 열어 감에 첫 왕 사울을 세우셨으나 그의 불순종으로 인해 바로 다윗을 왕으로 세우시고 우리에게 믿음의 본을 다시금 보이게 하신다. 그리고 최종적으로 십자가의 언약으로 예수 그리스도를 통해 사랑을 완성하시며 그 구속의 사랑을 증거해 주셨다.

　이렇듯 하나님은 역사 곳곳에 한 사람과 민족을 선택하시어 그 사람과 민족을 통해 일하시고 언약을 세워 주셨다. 그리고 그 언약의 관계 속에 하나님 사랑의 본을 보여 주셨다. 나는 성경을 볼 때마다 또는 은혜를 받을 때마다 또는 수련회에 갈 때마다 다짐하고 기도했다.

　‘나도 이러한 믿음의 선배와 같은 삶을 살아야겠다.’

　그런데 성경에 나오는 이 위대한 사람들도 한 사람 한 사람 자세히 살펴보면 ‘어, 이건 아닌데’ 하는 점들이 눈에 띈다. 이들 모두 그 시대를 살아가면서 매순간 거룩하고 정직하고 윤리적으로 바른 모습으로 살지 못했다. 아니 어떤 부분에서는 도무지 납득이 가지 않는 범죄를 저지른 사람들도 있다.

　믿음의 조상 아브라함은 자기 혼자 살고자 아내를 두 번이나 누이라고 팔아 버린 파렴치한 사람이다. 한번은 그랄 왕에게 한번은 바로 왕에게 자기 아내를 갖다 바쳤다. 다윗은 은밀한 중에 음욕을 품어 자기 부하인 우리아의 아내 밧세바를 취하고자 계획적인 살인을 저질렀다. 단지 성경에 기록되었고 다윗의 위대함이 너무 큰 관계로 쉽게 넘어갈 수 있는 이야기인가? 한번 우리가 사는 지금 시대에서 생각해 보자.

국가 권력을 가진 왕이 자신의 권력을 이용하여 부하 직원의 아내를 취하고 그것도 모자라 그 여인을 얻고자 그 남편을 일부러 전쟁터에 보내 부하를 죽였다. 이런 이야기가 사실이라면 그 왕은 훗날 사형감일 것이다. 세상에 용서 받지 못할 사람일 것이다.

사사의 대표적 인물 삼손은 어떤가. 그도 여자에 눈이 멀어 결국 진짜 눈을 잃고 처참하게 죽어 갔다. 다윗의 아들 솔로몬은 또 얼마나 문제가 많았나? 또 그의 아들로 인해 남유다와 북이스라엘로 갈라졌고 이스라엘이 결국 멸망했다.

우리가 매순간 닮고 싶었던, 믿음의 선조라고 불렀던 그들은 너무 허점이 많은 사람들이다. 나는 살아가면서 비록 예수님을 믿지는 않지만 윤리적으로 너무 깨끗하여 세상의 법 없이도 살아가는 사람들을 간혹 만나곤 한다. 그런 분들을 만나서 이야기 나누고 감동을 받으면 그 사람을 통해 나도 그런 삶에 대한 새로운 도전을 받곤 한다.

그런데 성경의 역사에 나오는 믿음의 조상들은 사실 내가 보기에는 그런 삶이 아닌 범죄자의 모습이 보여 혼란스럽고 마음이 어려웠다.

'뭘까? 왜 하나님은 이런 죄를 범한 사람들을 역사의 키 맨으로 사용했을까? 구속의 역사 가운데 정말 순결한 흠 없는 양들을 써도 모자란 판에 성경의 그 위대한 인물로 왜 이런 분들을 선택하셨을까?'

그것이 어릴 때부터 궁금했다. 어린 나이라 분명하게 답은 찾을 수 없었지만 막연하게나마 알 수 있었던 것은 하나님의 절대적 선택 기준은 윤리적 기준이 아니라는 사실이었다.

그럼 하나님의 선택 기준은 무엇인가? 기독교 안에서 기본적인 개인의 윤리적 삶은 중요하다. 그것이 중요하지 않다는 것이 아니다. 오히려 기독교 안에서 개인의 윤리적 삶이 엉망이기 때문에 오늘날 한국 교회가 이렇게 비판을 받고 있는 부분도 있다. 하지만 개인의 윤리적 삶이 중요하지만 그것이 전체가 될 수는 없다.

그럼 왜 하나님은 개인의 윤리적 기준에 못 미치는 사건이 있는 그들을 선택하셨을까? 개인의 윤리적 기준보다 더 중요한 것은 무엇일까? 나는 그것이 궁금하여 성경을 유심히 더 살펴보았다. 그리고 그 이유를 마태복음 7장 13-14절에서 발견했다.

좁은 문으로 들어가라 멸망으로 인도하는 문은 크고 그 길

이 넓어 그리로 들어가는 자가 많고 생명으로 인도하는 문
은 좁고 길이 협착하여 찾는 자가 적음이라.

성경의 역사에서 우리의 본이 된 믿음의 선배들은 어떻게
보면 흠도 많고 탈도 많은 사람들로 평상시에는 우리와 별
다른 것을 볼 수 없었다. 하지만 결정적일 때, 하나님 앞에서
하나님이 필요해서 부르실 때 "예, 하나님, 제가 갈게요"라
고 순종했다. 그것이 좁든지 넓든지 상관하지 않고 그 길을
걸어간다는 것이다.

그 결정적인 선택으로 이들이 오늘날 위대한 인물들로 자
리 잡게 된 것을 나는 말씀을 통해 알 수 있었다. 그것을 성
경은 '좁은 길'이라 하고 있다. '생명의 길'이라 하고 있다.

개인의 윤리적 삶의 모습도 중요하지만, 주님이 주님의 길
을 걷길 원하셔서 부르셨을 때 믿음으로 그 길을 걸어가는
그 순종을 하나님은 더 기쁘게 받아 주신다는 것을 알게 되
었다. 그리고 하나님의 부르심에 반응한 그들은 결국 기독교
윤리적 삶의 회복을 체험하며 온전한 믿음의 사람이 되어 가
는 것을 발견했다.

하나님은 실수하지 않으신다

내 인생을 돌아보면 가끔 나는 '왜 하나님이 나 같은 무식하고 못난 놈을 사용하실까?' 하는 생각이 종종 든다.

우리 아버지는 목사님이다. 평생 가난한 사람들을 돌보는 일을 하셨고 마지막으로 서울역전 쪽방촌에 나사로의집을 설립하시고 현재 은퇴하셨다. 은퇴하시고 나에게 준 재산이 한 푼도 없다. 아니 결혼할 때도 집안이 어려워 한 푼도 받지 못했다. 내 인생의 대부분은 스스로 자립해서 살아갈 수밖에 없었다.

얼마 전 아버지와 식사를 하고 산책을 하면서 아버지께 재미있는 질문을 했다.

"아버지, 다른 사람은 자식에게 집도 주고 차도 주고, 심지어 무식하게 교회도 넘겨주는데 아버지는 왜 저에게 아무것도 안 줘요?"

"어허, 김 목사, 내가 그랬나? 그래도 나는 많이 주었다고 생각하는데."

"어? 저는 받은 게 없는데요?"

"나는 김 목사가 사람을 사랑하는 것을 배웠다고 생각하고 그건 내가 준 거라 생각하는데. 아닌가?"

"하하하! 그거라면 저도 인정합니다."

나는 정말 아버지께 큰 재산을 물려받았다. 나의 가난을 통해 가난한 그들의 마음을 알게 된 것이었다. 아버지는 어릴 때부터 나를 고아원이나 양로원, 교도소로 데리고 다니며 사회봉사를 하셨다. 본인 스스로도 죽을 뻔했던 생명을 하나님이 살려 주셨기 때문에 다시 얻은 그 생명에 감사하여 평생 소외된 이웃들을 위해 살겠다고 헌신하고 정말 그렇게 한평생 사셨다.

하지만 아버지는 세상에 헌신하는 동안 어찌 보면 자기 가족에게는 불성실하셨다. 집에 돈을 가지고 온 적이 한번도 없었고, 어머니가 시장에서 장사를 해 벌어 모은 돈까지 가져다가 사회봉사에 다 쓰셨다. 어린 기억에 우리 집은 항상 가난했고 어린 나이에 매번 고아원, 양로원, 교도소 등에 따라 다니며 봉사를 하는 것도 나는 싫었다.

훗날 아버지의 사역을 인정받아 두 분 대통령에게 표창을 받으셨다. 그 외에도 인권위원장상, 서울시민 대상 국무총리상 등 우리 집에는 수많은 상들이 돌아다녔다. 그만큼 아버지의 사회봉사는 유별나셨다.

그런 아버지 밑에서 자란 내가 무엇을 배울 수 있었겠나?

지금 생각해 보니 지금 내 모습 속에 아버지의 모습이 있는 것 같다. 어린 나이에 가족을 포기하고 그런 삶을 살아가시는 아버지가 원망이 되어 저런 아버지는 되지 말자 다짐했고, 저런 사역은 하지 말자고 다짐했다. 그런데 결국 나는 아버지에게 가난과 가난한 사람을 사랑하는 그 마음을 '세습' 받았다.

난 김일성의 세습도 김정일의 세습도 싫다. 그리고 그와 마찬가지로 교회를 세습하는 것도 이유 여하를 막론하고 난 싫다. 하지만 어떤 면에서는 나도 세습을 받았다. 바로 쪽방촌 가난한 노숙인 사역을 '세습'받은 것이다. 이런 세습이면 다 받았으면 좋겠는데, 아마 받을 사람이 없을 것 같다.

어린 시절 그토록 원망하고 싫었던 아버지가 나는 이제 좋다. 그리고 존경하며 그분을 닮아 같은 사역을 진행해 나갈 것이다. 여하튼 난 남들처럼 가진 것이 많지 않은 가난한 목회자이다.

또 거기다가 나는 참 무식하다. 6년 전부터 코스타 강사로 섬기고 있다. 해마다 미국을 가는데 매번 영어 때문에 애를 먹는다. 얼마나 못하면 미국 입국 심사 때마다 매번 어렵다. 시카고 코스타에 가 보면 영어 못하는 강사는 전체를 통틀어 내가 유일한 것 같다. 그런데 재미 있는 것은 모든 강사님들이 내가 영어를 못하는 것을 아무도 모른다. 왜냐하면 나는 말을 하지 않기 때문에 그렇다. 사람들은 오히려 내가 말을 하지 않으니까 겸손하다고 생각하는 것 같다.

"야~ 우리 김 목사님은 너무 겸손해. 듣는 은사가 있어."

개코 듣는 은사는! 뭔 이야기인지 알아야 이야기하는데 잘 모르는 언어가 많아서 가만히 있는 것뿐이다. 모르니까 듣고만 있는 건데 말이다. 나는 그만큼 무식하고 무지하고 화도 잘 낸다.

또 성질도 더럽고 덜렁대고 특히 설교자로서 가장 큰 단점인 혀가 짧다. 그래서 설교할 때 말도 새어 나간다. 어쩔 때는 무식한 이야기이지만 혀를 확 뽑아서 늘리고 싶을 때도 있었다. 볼펜을 물고 연습해 보라고 해서 수없이 해 보았지만 여전히 남들처럼 잘하지 못한다.

혀도 짧아 발음도 좋지 않고 무식하고 가난한 것이 지금의 내 본 모습이다. 그런데 돌아보면 이런 나를 하나님이 쓰신다. 나는 이게 세계 십대 불가사의 중에 하나보다 더 놀랍다.

어느 날엔 심각하게 고민이 되었다.

'하나님이 실수로 나를 선택해서 쓴 것 아닌가? 왜 나를 사

용했을까?'

불안했다. 실수로 쓰다가 결국 '어? 이놈이 아니잖아' 하고 다시 버릴 것 같아서다. 그래서 불안한 마음에 하나님께 여쭈어 본 적이 있다.

"하나님, 왜 저 같은 못난 놈을 쓰십니까? 열등의식으로 꽉 차 있고, 학벌도 낮고, 찬양도 못하고, 혀도 짧은 저를 왜 쓰십니까?"

그만큼 나는 세상 사람들이 원하는 그런 스펙이 없는 사람이다. 세상의 스펙이 없기에 그런 것들이 내 안에 열등감으로 자리 잡았고, 이 열등감으로 인해 나는 늘 자존감 없는 모습으로 젊은 날을 보냈다. 정말 궁금했다. 그리고 정말 두려웠다. 불경스럽게도 하나님이 선택적 실수를 하신 게 아닌가 하는 두려움이 있었다.

그런데 몇 년 전에 내가 남들보다 조금 다른 선택을 한 것을 깨달았다. 그러고 보니 내 인생에 너무 실수도 많고 부족했지만 내가 하나님 앞에서 꼴랑 두 가지 잘한 선택이 생각난 것이다.

그리고 아무리 생각해 보아도 내가 하나님 앞에 자랑할 것은 요것밖에 없기에 나는 지금도 그 두 번의 결정이 무식하고 못난 나를 하나님이 사용한 이유라고 믿는다. 그건 바로 하나님 때문에 '좁은 길'을 선택한 것이다.

이제 그 이야기를 시작하겠다.

2

각자의 '좁은 길'이 모여 하나님나라 한길을 이룬다

인생의 갈림길에서 주님이 물어보시는 말씀은 언제나 동일했다. "이 모든 것보다 더 나를 사랑하니? 나를 위해 좁은 길을 걸을 수 있니?"

형님의 사업 부도로 신학을 포기해야만
했을 때 하나님께 버림 받았다는 생각으로 괴로웠다. 나를
향한 하나님의 계획이 무엇인지 알 수 없었던 당시 하나님을
참 많이도 원망했다. 하지만 경제적으로 워낙 궁지에 몰려 있
던 터라 힘들어 하고만 있을 수도 없었다. 그렇게 과일 장사
를 시작했고, 그때 나는 하나님께 도발적인 기도를 했다.

"하나님, 저는 하나님이 왜 저에게 이러시는지 모르겠습니
다. 하지만 만일 저에게 새로운 기회를 주어서 제가 이 엄청
난 빚을 갚을 수만 있다면, 그래서 돈을 많이 벌면 저는 다시
신학을 하여 목회를 하겠습니다. 그러니 제가 아까우면 혹시
저를 사용하고 싶으시면 하나님, 제발 우리 가족의 빚을 장
사를 통해 갚아 주세요. 저 좀 도와주세요."

고난의 한복판에서 하나님을 원망도 하고 비판도 했지만
그럼에도 내게는 하나님밖에 믿을 곳이 없었다. 그만큼 신학
만 공부해 온 내게 장사는 도저히 불가능하고 자신 없는 일
이었다. 하나님이 도와주시는 그 길만이 내가 살 길임을 느

껐기에 기도하며 장사를 시작하였다.

그리고 놀라운 하나님의 은혜로 4년 만에 모든 빚을 청산했고, 어느덧 나는 시장에서 무시할 수 없는 장사꾼이 되었다. 이제 지난 4년 동안의 경험을 발판으로 새로운 도약을 할 차례였다. 그해, 4년 만에 처음으로 아내와 강원도 삼척 고향으로 휴가를 떠났다.

4년 동안 나를 믿고 기다려 준 아내가 너무 고마웠다. 낮에는 아내가 고깃집에 나가 일을 했고, 밤에는 내가 시장에서 장사를 했다. 나와 아내의 출퇴근 시간이 달랐기에 우리는 4년 동안 서로 얼굴도 보지 못하는 룸메이트처럼 지냈다. 아내가 출근해 일하는 동안에는 내가 잠을 잤고, 내가 출근해 일하는 새벽에는 아내가 잠을 잤다. 보통 사람들 같으면 벌써 힘들다고 투정하고 그러다 다투기가 일쑤였겠지만, 아내는 한번도 크게 화를 내거나 불평을 하지 않았다.

하지만 내가 너무 보고 싶거나 명절 때 시장에서 물건 판다고 내가 집에 들어가지 못할 때 혹은 무서운 꿈이라도 꾼 날엔 아내는 새벽 4시쯤 시장에 와서 내 옆에서 밤을 새우고 다시 아침에 출근하곤 했다. 그런 아내가 너무 고마워 집안의 빚을 다 갚고 이내 아내와 함께 강원도로 휴가를 떠났던 것이다.

그동안 고생한 아내에게 보상하는 심정으로 앞으로의 사업 계획을 거창하게 읊었다.

"여보, 이제 우리 힘든 일 모두 끝났어. 이제 모든 빚을 갚았으니 조금만 더 고생하면 번듯한 우리 집도 살 수 있어. 이대로라면 사업도 더 커질 거고 말야. 조금만 더 기다려 줘. 이제 서울로 돌아가면 바로 엄청 큰 냉동 창고를 만들고, 사람도 더 뽑아야겠어. 이제 납품과 도매를 같이 하는 주식회사를 만들어 회사로 운영할까 봐. 그러니 당신도 고깃집 그만두고 이제 우리 아이를 가지자."

내 앞의 우리 미래는 온통 무지갯빛이었다. 그런데 기뻐하며 나를 얼싸안아야 할 아내가 말이 없었다. 얼굴빛도 그리 밝지 않았다.

"당신 어디 아파?"

한참을 아무 말이 없던 아내가 힘들게 입을 뗐다.

"요즘 당신은 볼 때마다 돈 이야기만 해요. 난 돈도 사업도 싫어. 그냥 당신이 다시 목회를 했으면 좋겠어요."

하나님과의 약속 지키기

그 말에 내 가슴에는 작은 충격이 전해졌다. 그때는 왜 그런 충격이 오는지 이유를 몰랐다. 지금 생각해 보면 아내의 말이 내 안에 있던 신앙의 양심을 자극했던 듯싶다.

처음 장사를 시작하면서 어떤 기도를 올렸던가?

"하나님, 제가 우리 가정의 빚을 갚을 수 있도록 도와주신다면 빚 다 갚고 다시 목회로 돌아가겠습니다. 저를 사용하고 싶으시면 말도 안 되는 이 빚 좀 제발 갚아 주세요."

그런데 막상 빚을 다 갚고 나니 돌아갈 생각은 않고 오히려 장사를 더 확장할 계획만 세우고 있었다. 내 안에 잠재해 있던 알 듯 모를 듯 불안했던 그 느낌을 아내가 정확하게 짚어 주었던 것이다. 그런데 왠지 한편으로 화가 났다. 내 잘못을 너무도 정확하게 짚어서 이야기하는 아내가 갑자기 미워졌다.

"아니, 이게 지금 나하나 잘 먹고 잘 살려고 하는 짓이야? 우리 가족 모두를 위해 내가 이렇게 힘들게 산 거잖아. 나도 목회를 하고 싶었어. 하지만 하나님이 나를 이렇게 만드신 거 아니야? 남들 다 유학 가고 공부하고 했는데 지금 내가 공부 다시 시작하고 목회를 한다고 그들을 따라잡을 수 있어? 나도 힘들어. 왜 내 마음을 몰라주는 거야. 나도 이렇게 장사꾼으로 살기 싫어. 하지만 이게 하나님이 주신 달란트일 수 있잖아."

말하면서도 점점 더 화가 났다. 4년 만에 온 귀한 휴가를 망치는 아내의 어두운 표정이 싫었고, 내 안에 무너진 신앙적 자존감도 나를 힘들게 했다. 그래서 화를 내고 내 할 말 다 해 버리고는 아내만 식당에 남겨 둔 채 그냥 밖으로 나와 버렸다.

내 마음을 털끝만큼도 몰라주는 아내를 미워하며 원망하며 바닷가를 거닐었다. 얼마를 걷노라니 멀리서 들려오는 파도 소리가 귀에 들어오고, 시원하게 부는 바람이 느껴졌다. 내 흥분과 분노가 파도 소리와 밤바다의 바람 속에서 조용히 사그라졌다. 그렇게 거닐다가 문득 내가 하나님과 했던 그 약속이 정확하게 기억났다. 하나님께서는 내 신앙의 양심을 통해 나에게 이야기해 주셨다.

"범석아, 빚 갚으면 돌아온다면서…. 이제 돌아와야지."

하나님은 아내를 통해 내게 이야기해 주신 것이다.

"하나님, 제가 여기까지 얼마나 어렵게 왔는지 아시잖아요. 지금까지 고생해서 빚 다 갚고 이제 좀 돈을 모을 때가 되었는데, 지금 돌아가면 다시 돈 한 푼도 없습니다. 그러면 너무 억울하잖아요. 조금 더 벌어야 집도 사고 그리고 교회도 짓고 하지요. 그러니 조금만 더, 아주 조금만 더 있다 돌아가면 안 될까요?"

그런데 내 신앙의 양심 속 하나님은 언제나처럼 침묵하셨다. 하나님은 매번 그러셨다. 내게 이야기하시고 명령하시고 나면 나의 투정과 부탁은 잘 들어주지 않으셨다. 그때도 하나님은 더 이상 이야기하지 않으셨다. 하나님은 결국 아내를 통해 나에게 돌아온다는 약속을 지킬 것을 명령하셨다.

결국 휴가는 엉망이 되어 버렸다. 원래 3박 4일 계획으로 갔는데 1박 2일로 끝나고 그 새벽에 불편한 마음만 잔뜩 짊어진 채 집으로 돌아왔다. 돌아오는 내내 아내에게 "당신 이야기가 맞았어. 미안해, 여보"라고 수없이 말하고 싶었는데 못난 자존심이 그것을 방해했고, 나는 결국 속으로 아내에게 미안한 마음만 품고 집으로 돌아왔다. 그리고 모든 사업을 단 7일 만에 접어 버렸다.

합리화시켜 몰래 넘어가려고 한 내 모든 것을 아내가 들춰

냈고 결국 나는 아브라함의 순종, 즉 아비 친척을 떠나 하란으로 가라 하신 그 말씀에 순종하고 떠난 것처럼 내 안정된 삶의 터전을, 그렇게 이루고 싶었던 사업적 성공의 정상을 눈앞에 두고 그 산을 내려오기로 작정하고 실행했다.

사업 하는 사람들은 알 것이다. 사업이란 것이 결코 7일 만에 접기가 불가능하다는 것을 말이다. 4년간의 장사로 나는 채권과 채무가 복잡했다. 장부상으로 받을 외상이 수억이었다. 그리고 줄 돈이 수억이었다. 사업을 접기 위해서는 간단하다. 내가 줄 돈 다 주고 내가 받을 돈을 포기하면 된다.

기도했다.

"하나님, 정말 힘듭니다. 하지만 약속을 지키겠습니다. 지금의 결단 참 어려운 것 아시지요. 저와 아내의 결단을 축복하시고 책임져 주세요. 이거 정리하면 또다시 빈털털이가 됩니다. 그러니 하나님이 먹여 주세요."

그리고 내가 진 외상을 모두 갚고 받을 돈은 포기했다. 물론 훗날 그중에 일부분은 받아서 나사로의집 사역을 위해 쓰기도 했지만 대부분 많은 돈은 결국 받지 못했다. 그리고 모든 사업을 정리하고 난 뒤 그동안 생사조차 모르다 얼마 전부터 연락이 되어 소식을 나누던 형님을 불렀다. 형님에게

내 이름으로 된 상회를 넘겨주었고 모든 납품을 하는 사업권
과 거래처를 연결해 주었다.

그리고 나는 다시 무일푼 쪽방촌 사역자로 돌아왔다.

이게 내 인생에서 하나님께 드린 약속을 지키고자 한, 첫
번째 선택한 좁은 길이었다. 돈이 아닌 하나님과의 약속을
지키고자 하나님 한 분 믿고 쪽방으로 돌아와 사역을 시작한
것이다. 내게 쪽방촌은 정말 '좁은 길'이었고, 나는 그 길을
하나님과 한 약속을 지키고자 꿋꿋하게 걸어갔다.

하나님의 반전은 이때부터 시작되었다. 나는 하나님과의
약속을 깨닫고 그분의 부르심에 바로 응답했고, 역전의 하나
님은 곧 나의 순종에 반응해 주셨다.

2001년 10월, 높은뜻숭의교회를 명동에 생겨나게 하셨고,
하나님은 그곳에 이웃사랑선교회를 세우셨다. 그리고 이웃
사랑선교회 회원 분들이 쪽방촌에 봉사하러 오셨고, 그때
나사로의집을 통해 쪽방 사역자인 나를 만나게 하셨다. 이
사건은 감사하게도 이후 지금까지 높은뜻숭의교회와 열매
나눔재단을 통해 이뤄진 수많은 사역의 본격적인 출발점이
되었다.

나는 지금도 높은뜻숭의교회는 하나님이 나를 위해 만드

셨다는 엄청난 착각 속에 살아간다. 우리 부부 외에 아무도 인정하진 않지만(?) 나는 높은뜻숭의교회는 정말 하나님의 부름에 반응한 우리 부부에 대한 하나님의 상이었다고 생각한다.

만일 2001년 그때 내가 돈이 좋아 쪽방촌으로 다시 오지 않았다면, 혹은 안정된 생활을 위해 조금 더 벌어서 집도 장만하고 사업자금도 가지고 헌신하겠다고 몇 년 늦게 왔다면, 높은뜻숭의교회를 만나지 못했고, 이 교회는 나를 만나지 못했을 것이다.

높은뜻숭의교회의 쪽방촌 사역은 나와 만나면서 시작되었다. 그 뒤 높은뜻숭의교회 당회에서 대학원 등록금을 대 준 덕분에 나는 신학대학원에 입학했다. 꿈에도 그리던 공부를 다시 손에 잡은 것이다.

내게 세상적인 성공이 보장된 과일 장사는 넓기는 하나 사망의 길이었다. 하지만 쪽방촌 사역은 좁은 길이었지만 내게 생명의 길이 되어 주었다. 성경의 좁은 길은 분명 반전이고 역전이었다.

모든 상황을 솔직하게 아뢰라

과일 장사를 정리하고 다시 나사로의집에 와 쪽방촌 사역에만 전념하면서는 나사로의집교회를 통해 월급을 받았다. 월 50만 원이었다. 한 달에 수천 만 원까지 벌던 터라 겨우 50만 원으로 어떻게 살까 걱정이었는데, 희한하게 생활이 큰 어려움 없이 잘 돌아갔다.

당시 나사로의집은 서울역 앞 노숙인과 쪽방 주민을 위해 무료 급식을 진행했다. 우리 부부는 점심 급식이 끝나고 남은 반찬을 가져다 그날 저녁과 다음날 아침에 나눠 먹었다. 우리는 쌀만 사서 밥짓고 간단하게 국만 끓이면 되었다. 옷은 쪽방촌 사람들에게 나누어 주라고 교회에서 보내준 헌옷 중에 크기가 맞는 것을 골라 입었다.

어느 날 아내가 헌옷을 분리하다 머뭇거리며 자꾸 내 눈치를 봤다. 아내 손에는 남방셔츠 한 장이 들려 있었다. 나도 얼른 아내의 생각을 읽었다. 당시 아내도 나도 변변히 입고 다닐 옷 하나가 없었다. 장사할 때는 검은 옷 한 벌만 있으면 되었다. 그런데 막상 전임 사역자로 일하니 평일에도 옷차림에 신경을 써야 했는데 내게는 정장 와이셔츠는 고사하고 캐주얼 남방셔츠 한 장도 없었다.

우리가 눈치를 보고 걱정한 것은 윤리적인 문제 때문이었다. '헌옷이라 하지만 이것도 쪽방 주민을 위해 교회들이 모아 준 것인데 우리가 입으면 안 되는 것 아닌가?' 하는 생각에서였다. 바늘 도둑이 소도둑 된다고, 그 작은 일이 나중에는 엄청난 도덕적 해이를 만들어 내는 것을 경험으로 익히 알던 터였다. 잠깐의 망설임을 내가 끝냈다.

"여보, 지금 우리 형편이라면 우리 쪽방 주민들도 우리를 이해할 거야. 그리고 이런 남방셔츠는 젊은 사람들이나 좋아하지 연세 드신 분들은 어차피 잘 안 입으셔. 불편하다고 말이야."

"그럴까요? 그래도 먼저 나눠 드리고 그분들이 버리면 우리 그때 다시 주워 입으면 어떨까요?"

"아니야, 여보. 옷 나누어 주는 행사 끝나면 남은 옷들은 바로 트럭이 수거해 해외로 보낸대. 그리고 당신하고 나도 어떻게 보면 쪽방촌 주민이잖아. 우리도 여기서 거의 생활하니까. 우리도 자격이 충분해. 우리 주민들도 그 정도는 이해하고 받아 주실 거야."

"그럴까요? 그래요 그럼. 우리 보내 주신 분들에게 마음으로 감사하고 기도하고 입어요."

그래서 우리 부부는 헌옷들을 들고 기도하였다.

"하나님, 이 옷들을 보내 주신 분들은 쪽방 사람들 주라고 보내셨습니다. 하지만 하나님, 저희도 돈이 없는 것 아시잖아요. 그러니 하나님 이중에 옷 몇 가지 골라 입을 수 있게 허락해 주세요. 대신 나중에 더 좋은 것 이분들에게 꼭 전달해 줄게요."

우리 부부는 이렇게 먹을 것, 입을 것을 해결했고 아직 아이도 없던 터라 50만 원으로 생활이 얼추 가능했다.

한편 높은뜻숭의교회를 만나면서 쪽방촌 사역은 확장되었고, 2년 후, 2003년 10월 높은뜻숭의교회에서 나를 교역자로 불렀다. '큰 교회에서 부르니 쪽방 사람들을 버리고 떠나는 건 아닌가?'라는 생각에 무척 괴로웠다.

"하나님, 높은뜻숭의교회는 참 큰 교회이며 좋은 교회입니다. 우리 쪽방 사람들을 버리는 것이 아니라 제가 저 교회에 가서 더 많은 사역을 세팅한다면 이곳 쪽방 사람들 더 많이 살릴 수 있을 것 같습니다. 그런데 하나님, 저는 가고 싶은데 제 마음이 허락이 안 됩니다. 무엇이 하나님이 원하시는 방법인지 알려 주세요"

기도가 끝나고도 하나님은 내 마음에 평안을 주시지 않았다. 오랜 경험으로 하나님의 길을 걸어 감에 있어 평안이 없으면 그 길을 가지 않는 것이 좋다는 것을 안다. 높은뜻숭의교회에 가는 것에 대하여 내 마음에 평안이 없었다. 그리고 두려웠다. '만일 대형 교회에 갔다가 언젠가 다시 하나님이 이곳으로 나를 보내시면 훌훌 털고 돌아올 수 있을까?'

솔직하게 그때 내 마음에는 장사를 한순간에 포기할 때 충만했던 그 자신감이 없었다. 장사는 목회 사역과 분명한 구분이 있었기 때문에 포기하기가 쉬웠던 것 같다. 하지만 이번 일은 선이 분명하지 않았다. 그래서 위험했다.

큰 교회 사역을 하면서 주님이 시켰고 주님의 뜻이라고 우길 수 있었다. 하나님은 나에게 다른 길로 가라고 하시지만 나는 그 말을 무시하고 세상 사람들 앞에서 하나님의 길을 걷는다고 나름의 사기를 칠 수 있었기에 나는 자신이 없었다.

대부분의 목회자들은 그렇지 않지만, 얼른 보아도 주님의 길이 아닌데 홀로 주님의 길이라고 우기며 가는 사역자가 있다. 선이 분명하지 않기 때문에 그 선을 내가 알면서 모른 척 세상에 섞여 갈 수 있기에 그것이 불안하고 두려웠다.

'이것도 저것도 모두 같은 주님의 사역인데 왜 힘들게 쪽방 사역을 하지’ 하면서 큰 교회에 초막 셋을 짓고 안주할 것 같은 두려움이 있었다. 힘이 들 때면 언제나 그랬듯 나의 멘토, 아내에게 말을 꺼냈다.

“여보, 나는 두려워. 내가 높은뜻숭의교회로 가는 것이 나의 이익을 위해서인지 아니면 정말 더 많은 가난한 사람들을 위해 일할 수 있는 믿음이 있어 가는지 잘 모르겠어. 나는 후자라고 생각하는데, 그래도 내 마음에 전자의 마음이 있는 것 같아서 두려워. 어떻게 하지?”

“저는 당신을 믿어요. 당신은 잘 나가던 사업도 버리고 이곳에 왔잖아요. 그래서 정말 그 길이 아니면 하나님이 막아 주실 것이고 그래서 이곳에 다시 오라고 하면 당신은 다시 분명 다시 올 거예요. 당신 스스로 자신을 믿고 기도하면서 높은뜻숭의교회로 가는 것이 좋은 것 같아요”

아내의 말이 참 큰 힘이 되었다. 그리고 그날 밤 하나님께 기도했다.

“하나님, 장사를 할 때 빚만 갚아 주시면 다시 돌아가겠다고 했던 약속을 지켰습니다. 아시지요? 그런데 지금은 하나님의 뜻을 잘 모르겠습니다. 아버지의 뜻은 모르지만 하나님께 약속은 드릴 수 있습니다. 하나님 다시 하나님께서 이곳

으로 오라 하신다면 망설이지 않고 다시 쪽방촌으로 돌아오
겠습니다. 그러니 하나님, 허락해 주세요."

2003년 겨울, 그렇게 나는 높은뜻숭의교회의 정식 교역자
가 되었다.

3

내 계산을
내려놓을 때
한계의 문이
열린다

묶은 것도 하나님이시고 푸신 것
도 하나님이시다. 나는 단지 주님께
"예, 그렇게 하겠습니다"라고 순종
한 것 외에 한 것이 없다.

높은뜻숭의교회 정식 교역자가 되면서 나는 그간 쌓아 온 작은 경험과 노하우를 바탕으로 높은뜻숭의교회 역사의 한편을 그려 나갔다. 가난한 사람들 여럿을 모아 프랜차이즈인 '김밥천국'을 차렸고 대출 은행을 정비하고, 출장 세차, 쪽방 도배 운동 등등 다양한 사역을 진행해 나갔다.

생활도 나아졌다. 매달 100만 원씩 급여를 받으면서 그동안 눈 딱 감고 무시해 왔던 경조사도 다니는 은혜를 누리며 살 수 있었다. 그 뒤 하나님의 은혜로 신학대학원을 졸업하였고, 2006년 목사 안수를 받고 높은뜻숭의교회 부목사가 되었다.

부목사로 사역을 시작하면서 급여가 더 많아졌고, 우리 생활은 참으로 윤택해졌다. 하지만 그 무엇보다 행복했던 것은 사랑하는 딸을 얻은 것이다. 하나님은 우리 가족에게 귀한 생명을 허락하시고 그 생명을 통해 가족의 기쁨을 더욱 풍성케 하셨다.

그런데 목사 안수를 받고 그야말로 팔자(?)가 핀 2006년, 너무 행복하여 '세상에서 나만큼 은혜를 받고 사는 사람이 있을까'라고 행복해하던 그 시점에 하나님이 또 나를 찾으신다. 잘 나갈 때는 모른 척해도 되는데 잘 나가면 하나님은 어김없이 찾아오셨다. 그리고 물으셨다.

"범석아, 나를 위해 좁은 길을 걸을 수 있겠니?"

두 번째 선택의 기로에 섰다. 2003년, 높은뜻숭의교회 사역자로 오면서 쪽방촌 사역과 나사로의집교회는 목사님이신 아버지께서 맡아 사역하셨다. 쪽방 사역은 계속 지원하며 도왔지만, 매주 이어지는 나사로의집교회 사역은 아버지가 홀로 다 감당하셨다. 그런데 내가 목사 안수 받고 얼마 안 있어 아버지가 갑자기 뇌졸중으로 쓰러지셨다. 연락을 받고 세브란스 병원으로 달려갔는데 아버지는 의식을 잃은 채 응급실 침대에 누워 계셨다. 그 모습에 가슴이 먹먹해졌다.

우리 아버지의 삶은 늘 치열하게 죽음과 맞서 사신 한 편의 감동 소설과도 같았다. 아버지는 죽음의 고비를 겪을 때마다 하나님의 도움으로 간신히 살아나셨고, 그 결과 자신에게 주어진 새로운 삶에 감사하여 평생 가난한 분들을 위해 살기로 결심하고 그것을 실행하며 사셨다.

의학적으로는 살아 있는 것 자체가 기적인 아버지였기에 사실 우리 가족은 수십 년 동안 아버지의 죽음을 늘 준비하며 살았다. 하지만 막상 평생의 동역자이신 아버지가 돌아가신다고 생각하니 두려웠다. 누워 계신 아버지를 붙잡고 떨리는 마음으로 하나님께 기도했다.

"하나님! 저희 아버지의 헌신을 누구보다 잘 아시는 하나님, 제발 아버지의 생명을 살려 주시옵소서. 저희 아버지 아직 할 일이 너무 많습니다. 그리고 나사로의집교회는 어떻게 합니까? 이제 막 하나님을 알아 가고 세례도 받고 한 그분들 어디로 갈 수 있겠습니까? 주님, 나사로의집교회를 생각하시어도 지금은 아닙니다. 조금 더 조금만 더 제 육신의 아버지를 이 땅에서 사역할 수 있게 하여 주시옵소서!"

기도 중에 하나님의 세밀한 음성이 내 가슴속 깊은 곳에서 들려왔다.

"범석아, 무엇이 두렵냐? 나사로의집교회가 걱정이 되니?"

"네, 하나님. 아버지가 돌아가시면 누가 교회를 이끕니까?"

"범석이 네가 하면 되지 않겠니?"

"예?"

"범석아, 내가 이곳으로 다시 부르면 온다고 했지? 지금이 그때다. 다시 쪽방촌에 돌아와 나사로의집교회를 책임지거라."

'어? 이건 아닌데.'

기도하면서 내 안에서 들려오는 그 음성을 향해 이건 아니라고 부정하기 시작했다.

'지금 이 자리가 어떤 자리인데, 이건 정말 아니야.'

아버지를 병실로 옮기고 다시 두렵고 떨리는 마음으로 기도하며 생각해 보았다. '내가 지금 쪽방촌에 다시 갈 수 있을까? 지금 내 월급이 얼마인데. 이젠 아이도 있는데, 월 50만 원으로 어떻게 생활을 하지?'

얼추 따져 보아도 전혀 불가능해 보였다.

'사랑하는 우리 딸 유치원 비만 매월 50만 원, 아버지 생활비와 나사로의집 설립 자금에 대한 이자 비용 대납하는 게 월 60만 원, 우리 집 공과금 및 기타 월 30만 원, 생활비 50만 원, 그리고 사택 대신 집을 사라고 하여 산 집 대출이자가 월 80만 원….'

계산하니까 그 길을 갈 수 없었다. 세상적인 생각으로 계산해 보니 하나님이 말씀하시는 그 '좁은 길'을 도저히 갈 수가 없었다. 오히려 그 길을 가는 것이 정상이 아니었다. 합리적인 생각과 하나님나라의 더 큰 목적을 위해서는 내게는 안 갈 명분이 너무나도 많았고 분명했다.

명분도 좋았고 교회 사역도 좋았다. 하지만 내 신앙의 양심은 다시 쪽방촌으로 들어가라고 자꾸 나를 떠밀었다. 너무 힘들어 기도도 하지 못하고 고민하는데 두렵고 힘든 내 마음에 갑자기 새로운 음성이 들려왔다.

"범석아, 내가 너에게 행한 일들을 기억해라. 네가 하나님의 길을 간다고 돈을 포기하고 쪽방촌에 돌아왔을 때 나는 너에게 높은뜻숭의교회를 주었다. 이제 만일 네가 다시 내가 준 높은뜻숭의교회를 포기한다면 나는 너에게 열방을 줄 것이다. 나는 열방을 주는 하나님이다."

기도하는 중에 엉뚱한 믿음이 일어났다.

'그래, 내가 생각하고 계산해 보지 않고 가면 하나님이 다시 그 길을 넓혀 주실 거야. 그냥 하나님 믿고 다시 가 보자.'

이때부터 내 안에 막무가내 믿음이 생겨났다. 머리로는 '안 돼. 안 돼'를 외치는데 마음은 하나님께서 쪽방촌 사역자로 가라고 하신다. 이럴 때 경험으로 안다. 그냥 시키는 대로 그 길을 가면 그 길을 하나님이 넓혀 주신다는 것을 말이다.

　내가 모를 그 일, 내가 감히 상상할 수 없는 그 계획…. 나는 모른다. 하지만 지금 당장 생활이 어려워진다 하더라도 결국은 하나님이 나를 평안으로 인도하실 것 같은 정신 나간 (?) 믿음이 생겨났다. 곧 높은뜻숭의교회를 떠나 다시 쪽방촌에 돌아가기로 결정을 내렸다. 그날 집으로 돌아가면서 아내에게 내 뜻을 비쳤다.

　"여보, 아까 기도하는데 하나님이 나에게 이야기하시는 음성을 들었어. 전에 우리가 기도할 때 하나님이 높은뜻숭의교회에서 다시 쪽방촌 들어가라고 하면 다시 들어가겠다고 하나님께 약속했잖아. 그런데 오늘 기도하는데 그때가 지금이라고 하는 것 같아. 쪽방촌에 누구든 들어가 나사로의집교회를 돌보아야 하는데, 내 신앙의 양심이 나를 가리키네. 아버지가 치료가 된다고 할지라도 지금 상황은 목회를 하실 수 없을 것 같아. 그래서 내가 쪽방촌에 돌아가야겠어."

　그런데 칭찬을 해 주리라 기대했던 아내가 버럭 화를 냈다.

　"당신 지금 제정신으로 말하는 거예요? 생각해 보세요. 아이 유치원비, 아파트 이자, 생활비, 부모님 생활비 등등 모두 우리가 책임져야 하는데 나사로의집교회에서 받는 월급으로 그걸 다 어떻게 감당해요? 지은이 유치원도 포기하고 집도 나가야 하고 부모님 생활비 아니 그것보다 당장 병원비는 어떻게 만들어요? 당신 대안은 있어요? 생각 좀 하고 이야기하는 거예요?”

그랬다. 모두 맞는 이야기였다. 이런 계산법은 우리 딸아이도 할 수 있을 정도로 쪽방촌으로 돌아간다는 것은 내 삶을 포기하는 것과 같았다. 그래서 아내가 이야기를 다할 때까지 묵묵히 듣고만 있었다.

“여보, 우리가 하나님의 뜻을 따라 움직였을 때, 그 길을 넓혀 주신 하나님의 능력을 체험했잖아. 나도 다 계산해 봤어. 도저히 안 되더라. 하지만 하나님의 좁은 길은 우리가 알다시피 계산해서 가는 길이 아니잖아. 계산해서 갈 수 있는 길이면 그게 넓은 길이지 좁은 길이겠어? 좁은 길은 계산해서 못 가니 그게 좁다고 주님이 말씀하셨겠지. 그래서 그 길을 생명의 길이라고 하신 거겠지.

전에 내가 당신 말 듣고 장사 포기하고 쪽방촌에 돌아왔을 때 하나님은 우리에게 높은뜻숭의교회를 주셨잖아. 그런데 이상하게 이번에 높은뜻숭의교회를 포기하면 그분이 나에게 열방을 주실 것 같아. 아니면 다른 평안을 주시겠지. 일단 내가 주님 한 분 믿고 그 좁은 길을 가면 주님은 그 길을 넓혀 주실 것 같아. 여보! 부탁이야. 우리 다시 한번 믿음대로 그 길을 가 보자.”

내가 말을 너무 잘해서였을까? 아니면 아내도 하나님과의 약속 때문에 괴롭고 힘들어서였을까? 이내 순종을 하였다.

“휴, 그래요. 하나님은 언제나 공평하신 분이셨고 공의로운 분이시지요. 우리가 주님 믿고 그 길 가면, 나도 그 길이 어떤 길인지 확신은 서지 않지만… 그래도 주님이 어떻게 하든지 우리 삶을 책임져 주실 것 같아요. 화내서 미안해요. 당신 뜻대로 그렇게 해요.”

내 평생 주님 영접한 일 빼고 가장 잘한 일 하나를 선택하라고 한다면 백 번 천 번 아내를 만난 것이다. 아내는 내게 신앙의 멘토이며 나의 아내이며 나의 친구이며 동역자이다. 그날 저녁 집에 돌아와 아내와 함께 기도하며 사직서를 썼다.

하나님이 이끄시는 길엔 생명이 있다

다음날 사직서를 들고 김동호 목사님을 만나러 갔다.

"목사님, 아버지가 뇌졸중으로 쓰러지셨습니다. 나사로의
집교회에 당장 다음 주부터 설교할 사람이 없고 사역할 사람
이 없습니다. 구해는 봤습니다만 노숙자와 쪽방 교회가 너무
열악하다 보니 어느 목회자도 오려고 하지 않습니다. 아무래
도 제가 가야 할 것 같습니다."

이 말을 하는데 목이 메어 왔다. 그리고 품에 있던 사직서
를 꺼내 제출하려고 하였다. 그런데 김동호 목사님의 말씀이
내 움직임을 멈추게 했다.

"김 목사, 교회는 높은뜻숭의교회나 나사로의집교회나 모
두 다 중요해. 특히 나사로의집처럼 소외된 쪽방촌 사람들이
오는 교회가 없어지면 안 된다. 당장 담당할 사람이 없다고
한다면 주일날 김 목사는 이곳에 오지 말고 주일은 나사로의
집교회를 하고 평일은 이곳에서 일하고 하면 되겠네. 김 목
사는 앞으로 토요일과 주일엔 나사로의집교회에서 설교하고
평일에는 이곳에서 일하도록 해."

나는 높은뜻숭의교회 부목사였다. 부목사는 평일도 일하
지만 특히 주일에 할 일이 가장 많다. 그런데 김동호 목사님
은 주일에 높은뜻숭의교회 목사인 나를 교단도 교파도 다른
교회를 섬기라고 허락해 주셨다. 이렇게 간단한 것을 나는

너무 힘들게 걱정하고 근심하고 두려워했다.

사직서를 쓰기까지 아내와 나는 정말 힘들었는데, 목사님이 너무 간단하고 쉽게 그 묶인 것을 풀어 주셨다. 사실 이는 목사님이 아닌 하나님이 풀어 주신 것이리라. 내가 내려놓으니 하나님이 풀어 주신 것이다.

그러고 보니 내가 한 일은 하나도 없었다. 묶은 것도 하나님이시고 푸신 것도 하나님이셨다. 나는 단지 주님에게 한 약속에 반응하여 '예, 그렇게 하겠습니다'라고 순종한 것 외에 한 것이 없었다. 그분을 신뢰하지 못하고 세상적인 걱정 속에 고민한 내 모습들이 부끄러웠다. 목사님 방을 나오자마자 아내에게 바로 전화했다.

"여보, 나 사직서 안 내도 된다!"

"왜요? 어떻게 된 거예요?"

아내도 내 밝은 목소리에 같이 흥분했다.

"응. 목사님께서 두 군데 사역을 다 하라고 해 주셨어. 특히 주일엔 나사로의집교회를 담당하라고 하셨어!"

"오! 여보, 정말 잘되었어요!"

수화기 건너에서 아내가 운다. 그만큼 우리는 우리가 정한 길이 무섭고 두려웠던 것이다. 이 일을 통해 나는 인생에 엄청난 교훈을 얻었다. 당장은 말도 못할 고통이 있는 것 같지만 하나님 믿고 그 길을 선택하면 하나님이 그 길을 직접 넓혀 주신다는 것이다. 이런 진리를 내 삶에서 체험했고, 이런 체험이 나를 더욱 견고하게 만들어 주었다.

하나님은 정말 나를 사용하고 싶으셨던 것 같다. 2006년 목사 안수 받고 "너는 나를 위해 좁은 길을 걸을 수 있느냐?" 하고 물으셨다. 그리고 그 길에 다시 한번 순종하였을 때 그 뒤 하나님이 부어 주신 은혜는 상상을 초월한다. 다음 해에 하나님은 내게 열매나눔재단 설립을 기획할 수 있게 하셨다. 그리고 김동호 목사님을 도와 '보이지 않는 성전 건축' 200억 프로젝트의 디자인과 기획을 하게 하셨다. 또한 내가 주님의 길을 걷겠다고 결정한 그날부터 아버지는 눈에 띄게 병세가 좋아지셨다.

문희곤 목사님이 소개해 주신 삼성병원 의사 선생님이 뇌에서 이렇게 많은 부분이 죽었는데도 이렇게 아무 일 없이 다니시는 아버지를 보고 은혜라고 하실 정도로 아버지는 기적처럼 다시 소생하셨다.

성경을 보면 하나님의 역사는 한 사람을 선택하여 역사를 이끌어 가신다. 그런데 그 한 사람을 선택하실 때 하나님은 물어보신다. "나를 위해 좁은 길을 갈 수 있니?"

삶이 평안할 때는 대부분 간다고 이야기한다. 하지만 결정적일 때 머리로 계산해 보고 도저히 갈 수 없다고 포기한다. 그래서 90퍼센트는 넓은 길을 간다. 그리고 좁은 길은 10퍼센트 정도만 가는 것 같다. 그런데 하나님은 그 10퍼센트를 통해 하나님나라를 만들어 가신다.

믿음의 조상 아브라함에게 어느 날 하나님이 말씀하셨다. "아비 친척을 떠나 하란으로 가라."

이 말은 죽으라는 거나 다름없었다. 구약 시대 당시에 나그네가 된다는 것은 죽는 것과 같았다. 그런데 그는 그냥 순종하며 떠났다. 그가 파렴치하고 비겁한 일들을 너무 많이 했지만 그 한 번의 결단이 그를 믿음의 조상으로 만들었다. 목숨을 걸고 그는 주님의 말씀에 순종하였다. '너는 나를 위해 좁은 길을 갈 수 있느냐?'는 물음에 그는 순종으로 답하였다.

다윗은 음란하고 살인까지 저질렀지만 그의 인생을 돌아보면 회개의 연속이었다. 아둘람 굴에서 하나님의 믿음을 지켜 나간 것도 그렇고, 사울을 죽이고 편하게 넓은 길로 갈 수 있었지만 그는 하나님이 원하시는 좁은 길을 걸어갔다. 그것이 하나님께 쓰임 받은 자들의 특징이다.

하나님께 쓰임 받고 싶다면 좁은 길을 가야 한다. 그 길은 분명 생명의 길이다. 하나님의 부르심에 "예"라고 답하고 그것이 실천적인 삶으로 이어질 때, 열방에게 약속한 주님의 언약이 나를 통해 이루어지는 확신을 이때부터 가지게 되었다.

4

다디단 열매만 아니라
과정의
고군분투도
다 받으신다

막상 실패하고 보니 마음이 답답했다. 이 답답함 속에 내 가슴을 더 누르는 것은 귀한 사업이 열매도 보기 전에 이번 실패로 인해 중단될까 하는 두려움이었다.

"이거 구둣방 아저씨가 전해 주래요."

2004년 어느 봄날, 쪽방상담센터 직원이 작은 종이 한 장을 내게 건네 주었다.

"죄송합니다. 열심히 하려고 했는데, 정말 마지막이라 생각하고 열심히 하려고 했는데…. 죄송합니다. 저를 믿고 빌려 주신 돈은 꼭 갚겠습니다. 죄송합니다. 박동식 올림."

종이를 주머니에 넣으며 긴 한숨과 함께 소파에 몸을 묻었다. '휴, 또 실패던가?'

도대체 어둠의 터널의 끝이 보이지가 않았다. 당시 IMF가 물러나면서 생계형 노숙자는 거의 사라졌다. 이후 수많은 단체들이 뒤늦게 나타나서는 룸펜화된 거리 노숙자들에게 경쟁적으로 밥을 퍼 주었다. 하지만 우린 그들 가운데 하나가 되기 싫었다. 그래서 궁극적으로 어떻게 하면 이들을 이곳 쪽방이나 거리에서 탈출시킬 수 있을까 관심을 갖기 시작했다.

그런 내 뜻에 김동호 목사님도 관심을 가지셨다. 김동호 목사님은 이웃의 아픔을 아는 척하는 게 아니라 진정으로 알고 싶어 하셨다. 높은뜻숭의교회 개척을 하시고 얼마 안 되었을 때 마침 노벨 평화상을 수상한 무하마드 유누스가 우리나라를 방문했고, 목사님은 그것을 계기로 그가 쓴 책을 읽게 되었다. 유누스는 가난한 자들을 위하여 소액 대출을 해 주는 그라민 뱅크를 창설했는데, 목사님은 그 이야기에 감동을 받아 한국에서도 그와 같은 소액 대출 은행을 진행해 보고 싶으셨던 것이다.

그런데 마침 그 타이밍에 나를 알게 되신 것이고, 앞서 말한 것처럼 그 일을 위한 실무자로 나를 높은뜻숭의교회로 불러 주셨다. 그래서 내가 숭의교회로 들어가 제일 처음 한 사역이 바로 도움이 필요한 네 명을 선택해 그라민 뱅크처럼 소액 창업 자금을 대출해 준 일이다. 박동식 씨는 그 혜택을 받은 넷 가운데 한 분이었다.

"며칠 전에는 가판 부스 아주머니 두 분이 포기하고 가시더니, 오늘은 믿었던 동식이 아저씨까지….”

힘없이 중얼거리며 전화기를 들었다.

"띠리링~ 띠리링~”

그럴 거라는 예상은 했지만 역시나 전화벨 소리만 울릴 뿐 받지를 않았다. 잠시 후 메시지를 남기라는 안내 멘트가 나왔다.

"동식이 아저씨, 김범석입니다. 어때요, 몸은 괜찮아요? 감기 조심하세요. 아저씨, 그래도 편지라도 보내 주셔서 감사해요. 저희가 욕심을 부렸나 봅니다. 나중에 잘되시면 찾아오세요. 돈 걱정은 하지 마시고 꼭 성공하셔서 다시 찾아오시면 좋겠어요. 그럼 그때 다시 만나요."

돈 잃고 사람까지 잃기 싫었다. 교인들이 모아 준 귀한 돈을 단지 마음만 앞서 네 분에게 각각 300만 원씩 창업 자금으로 덥석 내주었다. 한 분은 구둣방을 개업했다. 이 구둣방 개업을 위해 나는 내 개인돈으로 권리금 500만 원을 들여 기존의 가판 구둣방을 인수하였다. 대출 받은 교회 돈 300만 원으로는 열쇠 등 가게 내부 기자재를 구입했다. 그런데 결과는 실패였다.

두 번째는 가판 부스였다. 이것도 내 돈으로 권리금 천만 원을 주고 직접 인수했다. 그리고 두 명이 합쳐 600만 원을 빌려 가게 물건을 사고 교대로 일했는데, 그것 역시 결국 실패하고 말았다. 그 일을 맡아 하시던 두 분 다 역시나 연락이 닿지 않았다.

넷 중 남은 한 분은 시골밥상의 나이 드신 할머니시다. 그분은 이미 밥집 운영 경험이 있으셨다. 적은 돈이지만 우리가 지원한 돈과 자신이 조금 가지고 있던 자본금을 합쳐 두 개의 테이블을 놓고 작고 허름한 2평짜리 식당을 쪽방촌에 냈다. 감사하게도 그분은 제법 성공을 하여 돈을 원칙대로 매달 갚아 나가셨다.

"어떻게 하지요? 이번 달 교회에 돈을 갚아야 하는데."

곰곰이 생각을 정리하는데 나를 도와주는 상담센터 사회복지사가 걱정이 되어 이야기를 건넸다. 그도 그럴 것이 이 친구는 처음부터 내가 숭의교회에 가는 것을 반대한 친구였다. 그뿐만이 아니었다. 대부분의 사람들은 처음 이 일을 계획하고 시작할 때, 그리고 내가 숭의교회에서 이런 일을 하려고 들어간다고 할 때 한결같이 실패할 거라고 했다. 나와 함께 있는 이곳 사회복지사들도 나를 사랑하고 생각하는 마음으로 모두 말렸다.

"소장님, 알잖아요. 이곳 사람들 돈 빌려 주면 모두 도망가 버릴 거예요. 그리고 300만 원 가지고 도심에서 무슨 사업을 하겠어요. 이 사업 정말 불가능합니다. 시간 낭비예요. 거기 가지 마세요. 사업 실패하면 그 책임 물어서 쫓겨날 게 뻔해요."

철민이와 직원 모두가 진짜 나를 위해 몇 번을 말렸다.

"철민 씨, 괜찮아요. 저도 이 일이 잘 안 될 것 같아요. 그런데 무엇인가 아무것이라도 누군가는 시도를 해 봐야지요. 어둠의 터널을 지나 희망을 찾는 시도를 누구든 해 봐야지요. 이곳에서 만난 분들의 경험을 잘 살리면 잘될 수도 있을 거라 믿어요."

하지만 막상 실패하고 보니 마음이 답답했다. 그리고 이 답답함 속에 나의 가슴을 더 누르는 두려움이 있었다. 귀한 사업이 열매도 보기 전에 이번 실패로 인해 중단될까 하는 것이었다.

'가난한 사람들이 자활할 수 있게 돕는 창업 자금 대출은 진정 안 되는 것일까?'

숭의교회 분들은 거의 대부분 안 된다고 했다. 그것을 알기에 내가 가진 모든 것을 들여 가판을 인수하고 권리금도 주고 하여 그곳에 사람들을 불러 일을 시켰다. 그런데 그럼에도 불구하고 할머니 한 분을 제외하고 모두 실패하였다. 실패를 보면서 '이 사람들은 역시 안 돼'라고 생각이 굳어질 것이고, 그 사업도 없어질 것이었다. 나는 그게 두려웠다. 제대로 시도도 해 보지 못하고 귀한 사업을 접는 일이 두려웠다.

다 아시는 하나님

아내에게 전화를 했다.

"여보, 미안한데 통장에 돈이 얼마 있어?"

"왜요?"

"응. 돈이 조금 더 필요해서."

"얼마나요?"

"한… 900만 원."

"…."

아내는 말이 없었다. 뭐라고 내가 먼저 이야기해야 될 것 같은데, 차마 먼저 이야기할 수가 없었다. 그런데 아내가 먼저 입을 뗐다.

"조금 모자랄 것 같지만 어떻게든 만들어 볼게요."

"고마워. 있다 집에 가서 이야기할게. 내 통장으로 송금해 줄래?"

소파에서 일어나 옷을 고쳐 입으며 사회복지사 미란 씨를 불렀다.

"미란 씨, 오늘 은행 가면 내 통장에 있는 돈 전부 찾아서 이분들 이름으로 원리금 회수 통장에 일시불로 모두 입금시켜 주세요."

“네?”

“그럼 부탁합니다.”

미란 씨에게 위로의 말이든 “그러면 안 돼요”라든지 아무런 말을 듣고 싶지 않았다. 그때는 단지 혼자 있고 싶어 부탁을 하고 빨리 자리를 털고 사무실을 나왔다. 그때부터는 아내에게 뭐라고 할지 난감해졌다.

옛말에 버는 사람 따로 있고 쓰는 사람 따로 있다더니 내가 딱 그 짝이었다. 아무 쓸모없는 2개의 가판들. 그 사업을 위해 1,500만 원을 투자했다. 그리고 세 분에게 나눠 준 원리금 900만 원까지 우리 돈으로 갚았다. 내 월급이 얼마더라? 월 100만 원 받으니 계산해 보니 딱 2년치 연봉이었다. 어이가 없어 웃음밖에 나오지 않았다. 아내가 나처럼 웃어 주었으면 좋겠다는 생각만 들었다. 아무래도 아내가 좋아하는 삼겹살이라도 좀 사 가야 할 것 같았다.

쪽방을 벗어날 즈음 멀리 공원에서 노는 아이들 뒤로 노을빛이 환했다. 깡충깡충 뛰어 노는 아이들 모습을 보며 시무룩했던 마음에 새록새록 새로운 다짐이 피어올랐다.

‘그래, 포기하지 말자. 저 아이들을 이곳에 평생 있게 하면 안 되지. 탈출을 시켜야 해. 오늘 비싼 수업료가 결국은 버리

는 게 아니야. 이 돈이 결국 한 알의 밀알이 되어 이곳을 희
망으로 덮을 거다.' 마음을 다잡으며 아내에게 줄 삼겹살을
사기 위해 정육점으로 향했다.

여러 번의 시행착오를 겪은 뒤 다음해, 가난한 사람의 자
활을 위한 마이크로파이낸스 사업 성공 비결을 발견했고 일
정 부분 성공을 거뒀다. 개인 창업이 아닌 500만 원 대출을
받은 열두 명을 묶어 6천만 원 가지고 '김밥천국'을 개업한
것이다. 그것은 지금까지와는 달리 크게 성공하였다.

어느 날 김동호 목사님이 부르셨다.

"김 전도사, 이거 우리 아내와 내가 김 전도사가 일을 잘해
주어서 주는 선물이야."

목사님이 건넨 작은 봉투를 뜯어 보니 수표가 들어 있었
다. 천만 원짜리 수표 2장이었다.

"목사님, 제가 이렇게 큰돈을 감히 어떻게 받겠습니까? 못
받습니다. 선물이라고 하면 상품권 정도는 받아도 이건 받을
수 없습니다."

"이야기 다 들었어. 이 사업을 성공시키기 위해서 김 전도
사 개인 돈으로 그 돈을 다 메꾸어 넣었다는 거 말야. 그러니
이건 그냥 내가 주는 선물이야. 일단 받고, 그걸 어떻게 쓸지

는 김 전도사가 알아서 해.”

목사님은 아주 단호하셨다. 더 이상 거절할 수가 없었다. 너무 놀라 어안이 벙벙한 채로 담임목사님 방을 나왔다. 그리고 정신을 차렸는데 눈물이 나왔다. 그동안의 아픔들이 이 하나의 일로 위로가 되었다. 너무 힘든 시간이었다. 아무도 몰라주고 이 사업을 반석 위에 올리기 위해 싸운 그 아픈 시간들과 실패들, 그 모든 어려움이 눈 녹듯이 다 풀렸다.

그날 저녁 아내와 함께 행복한 고민을 했다. 우리가 이미 교회에 갚은 그 돈을 우리는 헌금으로 생각했기에 그것을 돌려받는 건 아닌 것 같았다. 그래서 아내와 뜻을 모았다.

“여보, 이중의 반은 희년 헌금으로 교회에 다시 헌금을 하자. 그리고 반은 교회에서 사택으로 빌린 자금을 갚자. 그러면 다시 교회로 돈이 돌아가는 거니까 하나님도 기뻐하실 것 같아.”

아내는 너무 좋다고 나를 칭찬해 주었다. 다음날 반은 희년 헌금으로 반은 사택 비용 대출 반납으로 교회에 다시 돌려보냈다. 목사님은 받으시면서 “이놈, 참” 하셨지만 내 그런 행동을 무척 기꺼워하시는 것 같았다.

이렇듯 하나님은 참 여러 방법으로 나를 위로해 주셨다.

4부

역전의 하나님과
손잡고
배고픈 세상을
먹이라

1

영적 전투,
대충
싸우면
진다

요즘 세상은 미친 세상이다. 돈과 권력과 쾌락에 미쳤다. 세상은 미쳐서 돌아가는데, 우리 기독교인들은 모두 점잖게 신앙생활을 하고 있다.

기독교인은 누구나 이중적 신분을 가지고 있다. 하나님의 자녀이면서 동시에 종의 신분이다. 우리는 어려서부터 자녀 된 신분에 대해 교육 받아 왔다. 모든 기도는 '하나님 아버지'로 시작하여 '예수님 이름'으로 끝을 맺는다. 그래서 우리는 모두 하나님 자녀의 권세에 대해 익히 듣고 알아 왔다.

하지만 우리는 자녀에 대해서는 많이 배워 왔지만 종의 신분에 대해서는 잘 이해하지 못하는 경우가 많다. 종에는 극단적으로 두 종류의 종이 있다. 게으른 종과 충성된 종이다.

2006년 여름이었다. 내 고향은 강원도 거의 끝자락에 있는 삼척 호산이라는 곳이다. 해마다 나는 아버지를 모시고 고향 강원도에 휴가를 다녀온다. 그곳에 있는 교회 목사님과 식사를 하다 좋은 이야기를 듣고 은혜를 나누었다.

어느 날 장로님 한 분이 목사님을 너무너무 사랑하셔서 목사님 몸보신을 시켜 드릴 요량으로 자기 집 누렁이를 잡기로 마음먹었다. 장로님은 그 길로 누렁이를 데리고 동네 시냇가로 갔다. 나무에 목을 잡아매고, 옛날 식으로 누렁이를 마구 때렸다. 그런데 그만 묶인 줄이 풀려 누렁이가 도망을 쳐 버렸다. 누렁이를 열심히 따라갔지만 잡지 못했다. 그도 그럴 것이 누렁이는 생명을 걸고 죽기 살기로 뛰었고, 장로님은 먹기를 위해 뛰었으니 말이다.

우리가 살면서 영적으로 왜 사탄에게 늘 잡혀서 낙망하고 실망하고 아파하는지 이야기를 들으면서 알 수 있었다. 우리 모두는 영적 전투에 목숨을 걸고 임하지 않는다. 사탄은 우리를 영적으로 죽이려 목숨 걸고 달려드는데 우리는 그냥 대충 싸워서야 어찌 이길 수 있겠는가? 그 싸움은 반드시 지게 되어 있다.

누렁이를 놓쳐 버린 장로님은 화가 났다. "누렁이도 잃어버리고 목사님도 대접 못하고" 중얼중얼하며 터덜터덜 집으로 돌아왔는데, 글쎄 누렁이가 집마당에서 장로님을 기다리고 있는 게 아닌가!

'어! 저놈이 여기 있네. 다시 잡아야지'하고 마음을 먹는데 갑자기 누렁이가 무서워하는 눈치인 듯하면서도 장로님에게 살살 기어와 꼬리를 아래로 내리고 매달렸다. 누렁이는 끝까지 주인을 믿고 따른 것이다. 그러지 않아도 조금 미안한 마음이 있었는데 죽이려고 한 주인인 자기를 끝까지 믿고 자기 품에 안기는 누렁이를 보고 장로님 마음이 짠해졌다. 그래서 잡는 것을 포기하고 그냥 키우기로 하고는 대신 오리를 잡아 드렸다고 한다.

그날 밤 그 장로님이 성경을 보는데 갑자기 엉뚱한 생각이 드셨단다. '개도 저렇게 생명을 걸고 주인인 나를 믿는데 나는 과연 주님을 저만큼 믿고 살았는가? 나는 장로가 되어서 하나님 앞에 저런 믿음을 가진 종인가?'

그 순간 자신이 잘못한 과거 일들이 머릿속에 마구 떠올랐다고 한다. 인생을 살아오면서 조금만 힘들어도 하나님을 원망하고 "어떻게 저한테 이러실 수 있어요" 하소연하면서 지냈던 일, 하나님이 나를 생각하시어서 어린아이를 혼내듯이 잠시만 매를 들어도 아프다고 울고 하나님 믿지 않는다고 돌아서고 한 모든 것들이 다 생각나셨다고 한다.

그렇게 그 밤에 갑자기 장로님 마음에 성령이 임하셨다. 장로님은 그때껏 살아오면서 한번도 눈물로 참회하고 인격적으로 하나님을 만난 적이 없었다고 한다. 그런데 그날 자신이 키운 개가 자신을 믿는 것보다 자신이 하나님 아버지를 믿고 의지하지 않았음을 깨달았던 것이다. 그날 장로님 마음속 깊은 곳에서 은혜를 받고 밤새 울면서 기도를 했다. 그리고 그 기도가 넘쳐서 다음날 새벽 예배까지 이어졌다고 한다.

장로님은 새벽 예배에 나와 계속 은혜에 대하여 기도했다. "하나님, 정말 죄송합니다. 제가 저 짐승이 저를 믿는 것보다 못하게 하나님을 믿었습니다. 저는 지금까지 충성된 종의 모습이 아니었습니다. 저를 용서해 주세요. 그리고 저 개와 같은 충성된 장로가 되게 해 주세요."

그런데 새벽 기도 가운데 얼마나 은혜가 넘쳤던지 이 장로님이 방언을 받게 되었다. 방언 받을 때 각자 조금씩 틀리지만 대부분 어떤 공통적인 특징이 있다. 은혜를 받은 한 단어를 빨리 하게 되면 그 단어가 말이 꼬이면서 흔히 말하는 '어린이 방언'을 하게 된다. 그 유명한 '랄랄랄라' 방언이다. 장로님은 이 단어를 빨리 하다 방언을 받았다. 이분이 은혜 받은 단어는 '개'였다.

"하나님, 개와 같은 충성된 장로가 되게 해 주십시오. 하나님, 개와 같은 충성된 장로가 되게 해 주십시오." 이렇게 반복하다가 다시 "하나님, 개와 같은 장로가 되게 해 주세요" 하고, 그러다가 랄랄랄라 방언을 받은 것이다. 그런데 옆에서 듣는 분들은 이 기도가 참 듣기 힘이 들었다고 한다. 앞뒤 모든 문맥을 제외하고 나서 들어 보면 개 같은 장로가 되게 해 달라고 기도하시는 장로님….

담임목사님이 고의가 아니게 장로님의 이 기도를 듣게 되었다. 그런데 들어 보니까 큰일난 것 같다. 무엇인가 이상하다. '아! 저 장로님 집안에 무슨 큰일이 있나 보다. 무슨 좋지 않은 범죄를 지은 것 아닌가?'라고 생각하면서 그 새벽에 랄랄랄라 하는 장로님 뒤에서 "우리 장로님 죄를 용서해 주시옵소서" 하고 중보기도를 했다고 한다. 나중에 목사님이 장로님과 누렁이 사건을 자기가 오해한 것을 알게 되었고 한참을 웃으셨단다.

그 이야기를 듣고 서울로 돌아오는 밤, 버스 안에서 상상을 해 보았다. 나도 과연 그 개와 같은 믿음, 하나님에 대한 변함없는 믿음을 가질 수 있을까? 힘들고 고난이 찾아올 때 끝까지 '하나님은 나를 죽이지 않으실 거야, 이 고난은 지나갈 거야' 하며 기쁨으로 인내할 수 있을까? 스스로에게 물어 보니 목사인 나도 자신이 없었다. 고속으로 달리는 버스 안에서 기도했다. "하나님, 저도 평생에 하나님을 믿고 의심하지 않는 그 개 같은 목사가 되게 해 주세요."

우리는 하나님 앞에서 어떤 종의 모습을 갖추고 있을까? 조금만 힘들어도 하나님을 원망하고 스스로 홀로 설 수 있다며 교회를 등지는 집 나간 탕자의 모습은 아닌가 생각해 본다. 하나님은 나약하고 게으른 종을 찾지 않으신다. 하나님은 충성된 종을 찾으신다. 누렁이와 같이 주인이 죽이려 해도 '우리 주님은 나를 버리지 않으실 거야'라고 끝까지 믿는 믿음 말이다. 내가 가장 힘든 그 순간에도 우리 주님은 나의 등 뒤에서 함께 걷고 계셨음을 믿는 것이 충성된 종의 자세일 것이다.

충성된 종은 하나님의 말씀을 믿고 의심하지 않고 따르는 자요, 가라 하면 가고 서라 하면 서고, 돌아서라 하면 돌아서는 자이다. 주인이 시키는 일이면 무엇이든 잘해 내는 자이다. 하지만 우리는 어떤가? 수련회에 모여서는 들뜬 기분으로 '주님 말씀에 충성된 종으로 살겠노라', 은혜 받고 나서 '그렇게 하리라' 다짐하고는 정작 생활에 돌아와서는 그렇게 살지 못하는 경우가 너무도 많다. 그리고 사탄과의 영적 싸움에서 대부분 많은 영역에서 지고 있다.

왜 그럴까? 왜 우리는 주님의 말씀을 부여잡고 충성된 종의 모습으로 살지 못하는 것일까? 우리 안에 두려움이 있어서이다. 내 안에 세상적 가치관이 너무 많이 자리 잡고 있기 때문이다.

어릴 적 나의 꿈은 참 여러 가지였다. 그 모든 것을 종합해 보면 내 꿈은 궁극적으로 잘사는 것이었다. 왜 잘살고 싶어 했을까? 아마 행복하게 살고 싶어서였을 것이다. 대부분의 사람들도 나와 마찬가지일 것이다. 이처럼 우리는 행복해지려고 여러 방향으로 달려간다.

어떤 이들은 돈이 있으면 행복하다 하여 돈을 좇는다. 그런 사람들은 늘 돈 이야기만 한다. 아파트 시세가 올랐느니 주식이 대박 났느니, 월세가 더 올라서 신난다느니 그런 저런 돈 이야기가 늘 중심에 있다. 또 어떤 이들은 권력이 있으면 행복하다 하여 권력을 주구장창 좇는 이들도 보았다.

그런데 참 이상한 것은 돈과 권력이 많은 사람들을 많이 만나는데, 만나 보면 정말 돈이 있고 권력을 잡은 그런 이들이 생각보다 그리 행복해 보이지 않는다는 것이다. 아니 오히려 많은 것을 가졌음에도 불구하고 불행해 보이는 사람들이 더 많았다. 왜 그럴까? 그건 바로 그들이 창조의 원리를 몰라서이다. 진정 행복해지는 방법을 몰라서이다.

나는 매우 가난한 집에서 태어났다. 우리 동네 바로 앞에 아파트가 한 채 있었는데 그때 친구들이 아파트에서는 겨울에도 반팔을 입고 있고, 겨울에도 꽃이 핀다는 이야기를 한 적이 있었다. 나는 그때 거짓말 말라며 믿지 않았다. 우리 집은 오래된 한옥이라 한겨울이면 방 안에서도 냉수가 살얼음으로 얼 정도였다. 그런 환경에서 살아서 그런지 나는 친구들이 말하는 아파트의 비밀을 이해할 수 없었다. 그러다 언제인지는 정확히 기억나지 않지만, 정말 아파트에서는 한겨울에도 반팔을 입고 지내는 걸 알게 됐고, 그때부터 내 꿈은 아파트에서 살아 보는 것으로 바뀌었다.

초등학교 5학년 때, 순복음 기도원에 친구와 함께 올라가 금식 기도를 하면서 목사로 서원을 하였다. 목회자가 되기로 서원하던 순간, 참 많이 울었던 기억이 난다. 은혜 받아서 운 것도 있지만, 한편으로는 그동안 꿈꾸고 바라던 잘살 수 있는 희망이 없어졌다는 것에 대한 서러움 때문이었다.

당시 어린 나의 기준에서 잘산다는 것은 두 가지가 있어야 했다. 하나는 아파트요, 다른 하나는 자가용이었다. 그런데 서원을 하고 나서 가만히 생각하니 목사님들은 평생 가난하게 살아야 한다는 생각이 퍼뜩 들었다. '이제 한평생 아파트도 자동차도 없이 살아야 하는구나'라는 생각에 그토록 섧게 울었던 것이다. 그만큼 내게 아파트는 희망이요 간절한 바람이었다.

이후 시간이 지나 목사 안수를 받았다. 그리고 하나님의 기적적인 능력으로 그토록 꿈에 그리던 아파트에서 살 수 있게 되었다. 생애최초 주택자금 대출을 받아 샀으니 명의만 내 것이요, 실제 주인은 은행인 셈이지만, 그래도 나는 마냥 좋았다. 20년 동안 이자와 원금을 잘 갚아 나가면 그때는 진짜 내 아파트가 될 것이다. 거의 일흔 살까지 갚아 가야 끝나긴 하지만, 주인이 누가 되었든지 꿈꾸던 아파트에 산다는 사실 하나만으로도 구름 위를 걷는 것 같았다.

너무 행복했다. 너무 좋아서 아파트를 설명한 팸플릿을 붙잡고 입주 전 한 달여 동안 방 하나 하나 구조를 외우다시피 보고 또 보았다. 집을 사 본 사람은 내 마음을 십분 이해할 것이다. 오랜 기다림 끝에 드디어 아파트 입주 날이 되었다. 그런데 이삿짐을 다 옮기고 늦은 밤, 아내와 아이를 태우고 집에 들어가다 바로 집 앞에서 사고가 났다.

내가 산 집은 인천 서구이다. 우리 집 바로 옆으로 조금만 더 가면 쓰레기 매립지가 나온다. 가진 돈이 많지 않아서 내가 가진 돈으로 살 수 있는 집이 그곳밖에 없었다. 매립지 근처에는 자동차 전용도로가 있는데 그 전용도로에서 아내와 아이를 태운 우리 차가 빙판에 미끄러졌던 것이다. 순간적으로 브레이크를 밟았는데 아래가 어두워 겨울에 빙판이 있는 것을 보지 못했다. 차가 두 바퀴 반을 돌아 버렸다.

그 순간 인생의 순간이 모두 영화처럼 지나갔다. 빙판에서 차가 휙 도는 순간 하나님께 기도가 먼저 나왔다. 참으로 간절한 소망을 담은 기도였다. 바로 뒤에는 사랑하는 아내가 타고 있었고, 그 옆에는 여섯 번 유산 끝에 어렵게 어렵게 가진 두 살 난 딸아이 지은이가 타고 있었다.

그런데 그 순간 내가 드린 기도는 아내를 위한 것도 사랑하는 딸을 위한 것도 아니었다. 내 기도는 바로 "하나님, 저 아파트에서 딱 하루만이라도 자고 죽게 해 주세요"였다.

지금 생각해도 충격적인 기도가 아닐 수 없다. 나는 완전히 세속적이고 나쁜 놈이다. 여하튼 나에겐 그만큼 너무너무 가지고 싶은 아파트였고, 그 아파트만 있으면 모든 것이 행복해질 것 같았다.

그 사고에서 우리 하나님은 내가 아니라(?) 우리 가족을 귀하게 보아 주시어 우리를 살려 주셨다. 다행히 늦은 밤이라

반대편 차선에 마주오는 차가 없었다. 덕분에 차만 빙판에서 두 바퀴 반 정도 돌고 맞은 차로 변에 섰다.

차가 무사히 서자 아내가 내게 물어 왔다.

"여보, 정말 하나님이 우리를 살리셨어요. 그 순간 살려 달라고 애원하며 기도했거든요. 당신도 기도했지요?"

"어? 어~ 물론 나도 기도했지. 다행이야. 정말 감사해."

아내에게 내가 드린 기도를 도저히 이야기할 수가 없었다. 모두의 은혜를 위해 무덤까지 나 혼자 지고 가려던 엄청난 '아파트 출생의 비밀'을 지금 밝히는 것이다. 우리 아내도 지금껏 몰랐는데, 이제 알게 될 것 같다.

세상이 주는 기쁨은 다 잠깐이다

하나님의 보호하심으로 아파트에 무사히 들어갔다. 그 밤, 얼마나 좋던지 아내와 울면서 입주 예배를 드렸다. 나는 설교를 하면서 울었고 아내는 설교를 들으면서 울었다. 그리고 우리 지은이는 부모가 우는 걸 보면서 그냥 무서워서 울었다. 우리 모두는 울면서 그 늦은 시간에 예배드리고 찬양을 하면서 서로 좋아했다. 우리 예배는 아랫집 신고로 경비아저씨의 주의를 듣고서야 끝이 났다. 그 뒤 근 한 달 동안은 일 중독인 내가 집에 빨리 가는 역사가 일어났다.

아파트에 살면 해 보고 싶은 것이 너무 많았다. 먼저 커피 믹스를 뜨겁게 한잔 타서 베란다로 나가 먼 풍경을 바라보며 마셔 보고 싶었다. 영화배우 안성기 씨가 광고에 나와 했던 포즈를 잘 떠올리며 그대로 따라했는데, 그렇게 행복할 수가 없었다. 또 목욕탕에 물을 받아 놓고 책을 들고 가서 반신욕을 해 보았다. 영화에서처럼 머리에는 수건을 썼다. 그것 역시 해 보았더니 너무 좋았다. 아파트가 너무 좋아 거의 일주일 동안 흥분이 가라앉지 않아 잠도 제대로 못 잤다. 나는 그만큼 아파트를 사랑했다.

시간이 흘렀다. 나는 지금 아파트 때문에 잠 못 이루지 않는다. 아파트 때문에 흥분하는 일도 없다. 한두 달 살아 보니 아파트도 그냥 내가 사는 집이 되어 버렸다. 어느덧 6년, 처음의 그 흥분과 기쁨이 아직도 내 안에 살아 있나? 만일 그 흥분이 지금까지 진행된다면 나는 아마도 정신 병원에 가야 할 것이다. 그랬다면 분명 나의 뇌파에 문제가 있는 것이니 말이다. 이처럼 정상적인 사람이라면 세상의 어떤 물건을 소유해도 그 행복과 흥분과 기쁨은 영원히 지속되지 않는다.

점점 그 기쁨이 가라앉는 게 당연하다.

그러면서 오히려 점점 불편한 생각이 자리를 잡는다. 너무 너무 좋았던 그 집이 어느 날 보니 교회가 있는 명동까지 출근하기가 너무 멀다. 또 눈이 오면 길이 너무 불편해진다. 매립지 근처라 냄새도 나고, 월 이자는 또 왜 이리 비싼지 모르겠다. 너무 좋았던 그 마음에 이제는 점점 마음에 안 차는 것들이 자리를 잡아 간다. 이게 인간의 마음인 것이다. 요즘은 베란다에서 절대 커피를 마시지 않는다. 추운데 왜 베란다에서 커피를 마시나? 마음은 이렇게 확 변한다.

이런 일을 겪으면서 귀한 깨달음을 얻었다. 세상 어떤 것도 우리 마음을 채울 수 없다는 것이다. 세상이 주는 것은 잠시 좋고 행복할 수는 있다. 하지만 그것은 영원하지 않다. 아무리 좋은 차를 사도 몇 개월 지나면 똑같아진다. 처음에는 잔 흠집이라도 날까 봐 안절부절못한다. 안에 먼지 하나 앉을 날이 없다. 하지만 1년이 지나고 2년이 지나면 잔 흠집은 고사하고, 누가 조금 긁고 지나가도 그런가 보다 그냥 넘겨버린다. 게다가 잔 흠집이 여기저기 난 차를 타면 의외로 인생이 덜 피곤하고 더 행복해진다.

비약이 심하다고 혼날 수도 있겠지만 부부도 마찬가지인

듯싶다. 처음 만날 때를 상상해 보자. 여자와 남자가 처음 만날 때는 얼마나 스릴 넘치는가? '저 자매가 나를 좋아하나? 내가 프러포즈해서 안 받아 주면 어떻게 하지?' 고민하고 걱정하다 결국 프러포즈를 했는데 그 자매나 혹은 형제가 그 프러포즈를 받아들였다고 가정해 보자. 얼마나 기쁠까? 세상을 다 가진 느낌일 것이다.

내가 그랬다. 아내에게 진지한 관계로 사귀자고 했을 때 아내는 기꺼이 받아들였다. 그때 나는 당장 죽어도 여한이 없을 듯 행복했다. 그러다 교제를 시작하니 또 얼마나 좋았는지 모른다. 조금 전까지 만나고 와서도 전화 통화가 끝이 없어 당시 유선 전화비가 무려 15만 원이 나온 적도 있었다.

그런데 그렇게 좋은 우리 아내…. 결혼하고 10년, 아직도 나는 아내를 만날 때마다 정신이 혼미하고 흥분이 된다? 그렇다면 나는 분명 이상한 사람이다. 아니 위험한 사람이다. 죄송하지만 빨리 정신 병원에 보내 정신 감정 받아야 할 것이다. 그 흥분과 설렘이 10년이 지난 지금도 동일하다? 그게 이상한 거다.

미국의 저명한 의사가 연구한 논문에 의하면 여자와 남자가 연애할 때 그 좋은 설렘의 감정을 분석해 보니 정신병자의 그 흥분과 기쁨의 '감정 뇌파'가 똑같았다는 기사를 읽은 적이 있다. 그런데 정신병자와 정상인 사람의 차이는 정신병자는 그 뇌파가 언제나 흥분 상태로 계속되는 것이고 정상인 사람은 조금 있다 다시 원점으로 돌아온다는 것이다.

우리 부부는 사이가 무진장 좋다. 물론 간혹 다툴 때도 있다. 목사도 아내와 다툰다. 그런데 다투면 그 사랑스러웠던 아내가 가끔 밥먹는 것도 얄미울 때가 있다. 다투고 난 뒤에는 아내의 발뒤꿈치만 봐도 얄밉다. "저 여인만 내게 주신다면 세상 어떤 것도 필요 없습니다." 이렇게 기도할 때가 있었나 싶게 마냥 얄밉다. 이게 인간이다. 영원히 계속, 처음 마음처럼 흥분되고 좋은 것은 이 땅에 없다(물론 나는 아내를 지금도 무진장 사랑한다. 정말정말 사랑한다. 아내를 만나고 후회해 본 적이 한번도 없다. 그리고 아내에게 늘 감사하다^^).

세상 그 어떤 것도 우리 마음을 영원히 기쁘고 행복하게 하진 못한다. 이게 진리이다. 왜 그럴까? 왜 세상 어떤 것도 우리를 영원히 기쁘고 행복하게 하지 못하는 것일까?

창세기 1장에 해답이 있다. 하나님이 나와 우리를 '하나님 형상'대로 창조하셨기 때문이다.

하나님의 형상대로 창조된 나와 우리들의 마음에는 무한

한 하나님의 마음이 담겨 있다. 그런 무한한 마음에 앞서 말한 유한한 아파트나 권력이나 돈이 들어가 보았자 그 무한한 마음을 어찌 채울 수가 있겠는가!

유한한 이 땅의 소망은, 그 소망이 이루어지는 그 순간에만 잠시 좋았다 바로 사라지고 마는 것이다. 그렇다면 우리가 영원히 기쁨과 행복을 누리기 위해서는 어떻게 해야 할까? 바로 무한한 우리 마음을 무한한 하나님의 영으로 채울 때 비로소 영원한 행복을 맛볼 수 있다. 이게 창조의 원리이다.

"나 가진 재물 없으나, 나 남이 가진 지식 없으나, 나 남에게 있는 건강 있지 않으나 … 공평하신 하나님"을 외친 송명희 씨. 그는 하나님의 무한성을 가슴에 품은 사람인 것 같다. 하나님으로 자신을 채우니 하나님이 공평하게 보이고 그래서 그런 놀라운 찬양이 만들어지지 않았나 싶다.

요즘 세상은 미친 세상이다. 돈과 권력과 쾌락에 미쳤다. 세상은 미쳐서 돌아가는데, 우리 기독교인들은 모두 점잖게 신앙생활을 한다. 우리 기독교인들도 세상이 미친 것처럼 미쳐야 한다.

(+) × (+) = (+). 좋은 것과 좋은 것 만나면 좋은 것이 된다. 그런데 (+) × (−)의 답은 무엇이냐. (−)이다. 그렇기 때

문에 세상이 나쁘게 미쳐 간다면(-), 우리가 아무리 (+)라 해도 미친 세상에 동화되어 우리도 나빠지고 만다. (-)를 (+)로 바꾸는 방법은 하나다. (-) × (-)를 해야 한다. (-) × (-)는 무엇인가? (+)이다. 즉 미친 세상에서 우리가 정상으로 살면 우리가 그들에게 동화되고 그들 입장으로 미쳐 간다.

미친 세상에서는 우리도 미쳐서 살아야 한다. 다만 그들이 미친 세상에 미쳐 살 때, 우리는 복음에 미쳐 살아야 한다. 나는 우리가 세상이 아닌 세상을 구원하기 위해 복음에 미쳐서 살았으면 좋겠다. 우리 안에 무한성이 있는데 그 마음에 세상의 돈과 명예와 쾌락으로 채우는 것이 아닌 그 안에 하나님으로 채워서 궁극적인 행복을 추구하며 살기를 바란다.

내 남은 인생 동안 무엇에 도전을 할 것인가? 주님의 충성된 종으로서 세상 재물과 세상 명예가 아닌 무한한 하나님의 그 마음에 도전하리라!

2

항상 "예수님이라면 어떻게 하셨을까?"를 물으라

예수님의 마음 자세로 가난하고 소외된 이들을 보살피고 이들과 친구 되는 것에 한국 교회의 미래가 달려 있다.

2007년 1월 높은뜻숭의교회는 이 땅에 새로운 역사를 만들기 위한 프로젝트를 시작했다. 일명 '보이지 않는 성전 건축' 프로젝트였다. 이 땅에 수많은 교회들이 교회당 건축에 목을 매고 있을 때 우리는 하나님이 원하시는 교회를 짓고 싶었다.

하나님이 원하시는 교회는 건물이 아니다. 정확히 교회는 건물이 아니다. 교회는 '예수님'을 '주'라 고백하는 믿음의 사람들의 모임인 믿음의 공동체이다. 그래서 교회 건축이라는 말 자체가 정확히는 신학적으로 틀린 이야기다. 교회 건물 건축 혹은 교회당 건축이 맞는 이야기이다. 이는 한국 교회 목회자와 대다수 믿는 사람들이 이미 다 아는 이야기이다. 그만큼 한국 교회 성도님들은 많이 배웠고 똑똑하다.

높은뜻숭의교회의 '보이지 않는 성전 건축' 프로젝트는 교회를 건물로 생각하는 이러한 신학적 오류를 바로잡자는 취지에서 시작한 것은 아니다. 다만 우리 교회 교인들은 정말 단순하게 예수님의 마음만 생각하고 접근했다. 우리 모두는

'높은뜻'이 무엇인가에 주목했다. 우리가 말하는 높은뜻은 하늘의 뜻이다. 하늘의 뜻을 이 땅에 이루는 데는 여러 가지가 있을 것이다. 그중에서 예수님의 마음, 하나님의 마음에 중심을 두었다.

하나님의 마음은 부자와 가난한 자 모두에게 있었지만 특별히 이 땅에 사는 고아와 과부와 나그네를 긍휼히 여기셨다. 그래서 그들의 아픔을 어루만져 주고 그들과 친구 되는 것이 우리 공동체, 교회가 해야 할 일이라 생각했다. 그래서 수천 억을 들여 교회를 짓는 대신 이 땅의 소외된 고아와 과부, 나그네를 위한 재단을 만들기로 결정했다. 그렇게 해서 만든 것이 '보이지 않는 성전 건축'이다.

그리하여 2007년 1월, '보이지 않는 성전 건축'을 위한 200억 건축 프로젝트가 시작되었다. 보통 교회에서는 예배당을 짓는 과정에서 분열되는 통에 성도들이 많이 떠나가는 일이 비일비재하다. 하지만 우리 높은뜻숭의교회 건축은 분명한 신학적 바탕으로 하늘의 뜻을 이 땅에 이루기 위한 몸부림인 것을 누구나 다 알았다.

그래서인지 우리의 건축 프로젝트 기간에는 성도님들이 줄어드는 게 아니라 오히려 소문을 듣고 더 많은 사람들이 몰려왔다. 그리고 그 뜻에 동조하여 200억 프로젝트에 작정 헌금을 했다. 작정헌금을 받고 얼마 안 있어 200억 건축 헌금 작정이 완성되었다. 그 헌금을 통해 마침내 지금의 열매 나눔재단을 설립했다.

우리 모두의 할 일이다

하지만 '보이지 않는 성전 건축'에 대해 모든 교인이 다 동의한 것은 아니었다. 당시 '보이지 않는 성전 건축'을 지으면서 행정적으로 그 기획의 중심에 서 있다 보니 소수의 사람들이 내게 찾아와 상담을 했다.

상담의 요지는 성도님들도 지금 너무 어렵고 우리 교회는 진짜 건축이 필요하다는 이야기였다. 그렇게 이야기하는 분 가운데에는 강남의 수십 억 주상복합아파트에 사는 분도 있었다. 자신은 집밖에 가진 것이 없고 현금은 하나도 없다는 것이었다.

"목사님, 가난한 사람들의 고통과 아픔을 돌보아 주는 것은 옳은 일이지만 그들의 아픔과 고통은 사실 엄밀히 말하면 그들의 잘못 아닙니까? 그들이 남들 일할 때 놀아서 이렇게 된 거죠. 가난은 사실 게으름에서 오는 병 아닙니까? 저들의 아픔과 가난은 결국 저들 탓이 더 많은데, 왜 우리가 이렇게까지 해서 성전 건축할 돈으로 저들을 돌보아야 합니까? 일반 교회가 봉사하듯이 하면 될 것을 하나님 교회 예배당 포기하고 그 귀한 돈으로 가난한 사람들만 돌본다는 것은 말이 되지 않습니다. 성전 건축은 아니더라도 교육관은 필요하니 먼저 교육관을 짓는 것이 맞습니다. 그리고 다시 말하지만 저는 돈이 없습니다."

그러고 보니 그때껏 이 땅에 함께 사는 가난한 이들의 아픔과 고통은 과연 누구의 잘못인지 심각하게 생각해 본 적이 없었다. 빈곤의 문제도 창조주 하나님의 잘못일까? 그럼 과연 하나님은 왜 인간을 고통과 아픔으로 창조하셨을까? 답은 바로 나온다. 아니다. 창세기 1장 27-28절을 보면 인간의 창조 기사가 잘 나타난다.

하나님은 인간을 자기 형상대로 창조하셨고 그들에게 복을 주시어 생육하고 번성하여 땅에 충만하라 말씀하셨다. 더불어 모든 생물을 다스리는 권세를 주셨다. 그러므로 인간은 피조된 세계 안에서 가장 존엄한 존재로 하나님 형상으로 만들어진 존귀한 존재였다.

그런데 인간은 하나님께 불순종했다. 그리고 죄 가운데 떨어졌다. 그 후 시간이 지나면서 죄인 된 인간이 만든 사회 구조적인 문제가 하나님의 형상으로 창조된 존엄한 인간을 존엄하지 않은 모습으로 만들어 간 것이다. 우리의 관습과 우리의 사회 구조, 우리의 경제 구조가 우리 이웃들을 가난하게 만들고, 이 사람들을 고아와 과부와 나그네로 만들어 버렸다.

물론 남들 일할 때 놀아 버린 게으름 때문일 수도 있다. 하지만 한 번 게으름을 피웠다 하여 이 땅에서 영원히 가난해야 하고, 또 그 가난을 대물림하는 현상은 분명 사회 구조적인 문제이다.

이전에 상봉이 아저씨를 보내면서 많은 생각을 정리했다. 그중 하나가 '왜 우리가 그들을 돌봐야 하는가'였다. 그건 바로 사회 구조적인 문제 속에서 가난과 환경을 통해 잃어버린 인간의 존엄성을 회복시켜 주어야 하기 때문이라 생각한다. 인간이 지은 죄를 통해 만들어진 사회 구조적인 문제로 가난과 빈곤이 생겨났기에 가난과 빈곤의 문제는 우리 모두의 책임이다.

어쩔 수 없이 생겨난 구조적인 차별은 가난한 사람들을 더 가난하게 부자를 더 부자로 만들어 버린다. 극빈 지역에 들어가면 인간의 존엄성을 찾아보기가 어렵다. 그래서 나는 우리 믿음의 사람들이 모두 힘을 모아 그들을 보살펴야 한다고 생각한다. 훼손된 인간의 존엄성을 회복시키기 위해 그들을 돌보아야 한다. 훼손된 인간의 존엄성을 회복시키기 위해 그들에게 직업을 주고 밥을 주고 입혀 주고 치료해 주어야 한다.

이것을 누가 해야 하나? 교회가 해야 한다. 한국 교회의 미래는 새로운 수천 억짜리 예배당 건축이 아닌 가난한 이들을 보살피고 이들과 친구 되는 것에 그 미래가 달려 있다.

'부자도 예수 믿을 권한 있어요. 부자만이 다니는 교회가 필요해요'라는 것은 전혀 성경적이지 않은 말이다. 거룩한 성전 건축이라는 명분 아래 지어지는 수백 억짜리 교회 건물은 전혀 성경적이지 않다. 나는 이런 논쟁이 발생하면 딱 한 마디만 한다.

"예수님이라면 그 돈을 교회 건물에 썼을까요, 아니면 소외된 이 땅의 고아와 과부와 나그네에게 쓰셨을까요? 예수님이라면 어떻게 하셨을까요?"

우린 모두 답을 안다. 하지만 너무도 많은 교인들이 그저 모른 척 지나쳐 버린다. 그래서 한국 교회는 점점 이 세상에 대한 힘을 잃어 가고 있다.

하나님이 시키신 일이면 결국 가능하다

열매나눔재단의 영문명칭은 'Merry Year Foundation'이다. 'Merry Year'는 '기쁜 해' 즉, '희년'이라는 뜻이다.

희년(Jubilee)이란 제도는 구약의 구제 관습이다. 일반적으로 사람이 사는 시대라면 어떠한 이유에서든지 50년 정도의 반 세기가 지나가면 가난한 자, 부한 자 두 부류가 생겨난다. 이렇게 두 부류로 나뉘는 데는 여러 가지 이유가 있다. 사회적 차별 때문일 수도 있고 개인적인 능력 때문일 수도 있다. 더러는 개인적인 건강 문제 때문에 두 부류로 나뉘기도 한다. 어떤 이유에서든 이런 현상은 매우 자연스러운 것이다.

성경은 부자와 가난한 자 둘 다 인정한다. 하지만 한번 잘못돼 정해진 그 부와 가난이 영원히 한 세대를 거쳐 또 대물림되는 것을 성경은 원하지 않는다. 그래서 구약에서는 '희년의 법'이라는 특별한 법을 정했다. 7년마다 돌아오는 안식년을 일곱 번 지낸 후 그 다음해를 희년으로 정했고, 이 희년 즉 50년에 한 번은 가난한 자와 부한 자의 재산을 모두 원점으로 돌려 놓고 새롭게 시작하는 것이다.

열매나눔재단의 영문 명칭에는 이러한 뜻이 담겨 있었다. 즉 가난한 자들에게 기회를 주어 새로운 삶을 살게 하려는 의지가 담겨 있는 것이다. 구약의 희년의 법! 그것은 정말 완벽하고 좋은 시스템이었다.

물론 현대 사회에서 이 법을 그대로 실현하는 일은 불가능하다. 내가 열심히 번 돈과 부동산을 50년이 지나면 세상에 내주고 다시 원점으로 돌아가야 한다면 누가 과연 따르겠는가? 나조차도 솔직히 자신이 없다.

그럼 우리 재단이 추구하는 희년 운동은 무엇인가? 열매나눔재단이 생각한 희년 운동은 희년을 문자적으로 해석하지 않고 정신으로 풀어서 대입한 것이다. 희년의 '정신'으로 접근한 것이다. 희년을 정신으로 풀면, 그래서 사회적 가치 속에 희년의 정신이 녹아들어 하나님 사랑의 숨결이 우리 사회 속의 전체 정신을 지배한다면, 이 시대에도 희년은 충분히 가능해질거라고 믿는다.

희년의 정신, 즉 하나님의 뜻이 이 땅에 충만해진다면, 그 정신을 가지고 가진 자들의 부를 나눌 수 있다. 모든 이가 희

년의 마음으로 내가 가진 것을 이웃과 나누는 '노블레스 오
블리주'(Noblesse Oblige)의 삶을 사는 것이다. 우리는 이러한
부의 재분배를 통해 가난한 사람도 살아갈 수 있는 공동체
적인 세상을 만들 수 있고, 충분히 이 땅에 희년을 가져올 수
있다고 본다.

하나님의 긍휼과 사랑, 이 희년 정신의 지배가 핵심이다.
바로 이것이 열매나눔재단이 추구하는 경제적 선교, '보이지
않는 성전'의 핵심 영역이요, 이것이 우리가 생각한 '높은뜻'
이다.

재단을 만들고 맨 처음 탈북자를 위한 공장을 세웠다. 탈
북자 사역을 하면서 대안학교 사업이나 교육연구 사업 계획
도 세웠다. 그 마음을 가지고 탈북자 연구를 시작했다. 연구
를 진행하면서 새로운 사실을 알게 되었다. 사업을 시작하려
는 당시 국내에 탈북자가 7천 명이었는데, 그 가운데 대부분
이 여성이었고, 또 그들 대부분이 북한에 있을 당시 아무런
기술이 없는 단순 노동 일을 했던 사람들이었다.

간단하게 우리나라 30-40대 학력이 없는 여성들이 할 수
있는 일이 무엇일까를 생각했다. 언어와 문화가 다른 이곳에
서 아무 기술이 없는 이들이 할 수 있는 것은 그리 많지 않

왔다.

대안학교를 하면 멋있다. 특히 외부 홍보에 그만이다. 그들을 데려다 직업기술을 훈련시켜도 참 멋있다. 이것도 자세가 나온다. 높은뜻숭의교회라면 적어도 이 정도는 해야 했다. 보기에 멋지고, 명분도 있어야 했다. 기획자로서도 욕심나는 사업 분야였다.

탈북자 90퍼센트의 요구를 무시하고 소수 10퍼센트 계층이 요구하는 일을 하고 싶었다. 대안학교나 직업기술학교, 자활학교 등은 자원봉사도 많이 필요하고 그러면 교인들도 참여시킬 수 있어 명분도 더 생길 듯싶었다. 그런데 신앙의 양심은 그것을 허락지 않았다.

이미 넘쳐나는 탈북 청소년 대안학교나 자활교육사업 등을 우리도 똑같이 할 수는 없었다. 그런 사역을 하는 곳이 너무 많아져 이제는 탈북자를 교육한다는 곳에서 오히려 탈북자를 왕처럼 모셔 가느라 진땀을 빼고 있었다.

그럼 우린 무엇을 해야 하나? 긴 시간 기도한 결과 단순 노동을 요하는 제조업 공장을 세우기로 했다. 명분도 없고, 교인들도 좋아하지 않았지만 우린 제조업 공장 설립을 추진했다. 많은 교인들이 우리를 축복하기보다는 근심 어린 걱정과 반대만 쏟아 냈다.

기업을 설립한 뒤 거기서 나온 수익금을 가난한 분들에게 창업자금으로 주어 그들이 스스로 일어나 그 자금을 갚아 가게 한다는 계획을 발표했을 때, "아멘"하고 받아 준 것이 아니라 (그분들에게 죄송하지만) 당시 우리가 하는 일을 '미친 짓'으로 보았던 것 같다.

정부도 우리를 믿지 않았다. 탈북자들을 위한 제조업 공장 설립 기획서를 들고 찾아갔을 때 정부 관계자는 아무리 설명해도 '네트워크 탈북자 사회적 기업'을 이해하지 못했다.

"계획대로 된다면 이건 너무 좋습니다. 하지만 이런 일은 불가능합니다."

그러면서 사회적 일자리 심사에서 성공 가능성 없는 사업이라며 탈락시켜 버렸다. 우리가 말하는 탈북자 사회적 기업은 꿈이라는 것이다.

사실 200억 프로젝트라고 했지만, 초기 우리 재단은 사업 자금이 전혀 없었다. 사업자금 50억을 5년간 매년 나누어 준다는 계획 하에 매달 8,300만 원씩 들어오는 시기였기에 운영비를 제외하면 남은 4천만 원 정도의 돈을 꼬박 1년을 모아야 약 4억짜리 사업을 할 수 있었다.

하지만 공장 설립에만도 당장 7억 이상이 필요했다. 그런데 당시 가진 돈은 8천만 원이 전부였다. 정부와 기업의 도움 없이는 사업을 시작조차 할 수 없었다. 그런데 정부와 기업이 모두 말도 안 된다고 문전 박대를 하는 것이다.

그런데 더 당황스러웠던 것은 우리가 대상자로 삼은 새터민들조차도 우리를 무슨 다단계 회사로 보며 믿지 않는 것이었다. 다른 기관들처럼 우리 재단도 자기들을 이용해 돈벌이를 하는 단체로 생각했다.

그때는 정말 '안 된다'가 누가 봐도 진리처럼 보였다. 설상가상으로 자력으로 어렵사리 시작한 박스 공장 사업이 갑자기 어려워졌다. 원래 모 회사 우유 박스를 만들기로 하고 시작했는데, 갑자기 우유 박스 납품이 깨져 버린 탓이었다. 하루하루가 너무 힘들었고 도망갈 수만 있다면 도망가고 싶었다. 어렵고 힘든 일이 계속되자 내 믿음도 흔들렸다.

말은 참 무섭다. 자꾸 옆에서 "안 된다 안 된다" 하니까 내 안에서도 '안 된다'는 생각이 싹을 틔운 모양이었다. 잘못된 믿음도 믿음이라고 자라는 것을 그때 알았다. 어느 순간부터 기도가 먼저 나오지 않고 절망 섞인 말들이 먼저 툭툭 튀어나왔다.

"그래, 안 될 거다. 이게 되면 기적이지. 내가 미친 것이지. 그냥 탈북자를 위한 복지관 같은 거나 만들 걸. 왜 다들 안 된다는 공장을 만들어 가지고. 어이구~ 내가 미쳤지."

"믿음은 바라는 것들의 실상이요 보이지 않는 것들의 증거"(히 11:1)라고 하는데, 안 된다는 믿음이 자라 결국 그 믿음이 보이지 않는 것들의 실상을 만들 것 같았다. 그래서 결국 망하는 것이 진리처럼 느껴졌다. 그런 내 마음을 아셨는지 김동호 목사님이 내게 귀한 말씀을 해 주셨다.

"할 수 있나 할 수 없나를 묻는다면 이 일은 할 수 없다가 정답이다. 세상적으로 실패하는 것. 이것은 진리이다. 하지만 할 수 있나 없나를 따지지 말자. 이게 하나님 앞에서 해야 할 일이냐 하지 말아야 할 일이냐만 생각하자. 알다시피 이건 이 시대 어느 누군가는 반드시 해야 할 주님의 사명이다."

지쳐 쓰러질 것 같은 때에 하나님의 위로가 찾아왔던 것이다.

'그래, 범석아, 계산해서 갈 수 있다면 좁은 길이 아니다. 좁은 길은 계산해 보면 못 가잖아. 네가 주님 믿고 아무 생각

없이 좁은 길을 걸어갈 때, 그 길을 넓히는 하나님을 체험했잖아. 이렇게 힘든 것을 보니 이것이 바로 생명의 길이고 이것이 바로 좁은 길이 맞는 것 같아. 범석아, 할 수 없다가 정답이지만, 해야 할 일이니 하나님 믿고 하면 그 길을 주님이 넓혀 주실 거야.'

김동호 목사님을 통해 나는 다시 새로운 힘을 얻었다. 그리고 1년 후…. 우리 모두가 만들어 가는 '보이지 않는 성전 건축'의 결과는, 요즘 말로 대박이 났다.

재단 설립 초기 문전 박대하던 정부가 이제는 우리 재단 사업을 벤치마킹한다. 세상은 우리가 만든 사회적 기업과 창업 은행을 이 시대의 대안이라 하여 연구를 시작했다.

대통령이 우리 기업에 찾아오고 각 장관들이 재단을 방문하고 연구한다. 그렇게 재단 설립 3년 만에 우리 재단은 대통령 표창을 받았다. 모두가 안 된다 했을 때, 우리 재단 식구는 오직 하나님만 믿고 모두 묵묵히 자기 자리에서 그 길을 걸었다.

매일 아침 재단 식구들과 함께했던 예배 시간에 찾아들었던 두려움이 생각난다. 하지만 그럴수록 우리는 더 믿고 또 기도했다. 그렇게 시간이 지나면서 우리는 주님의 역사를 지켜 보며 어느덧 주님의 군대가 되어 있었다. 모두가 실패할 것이라고 비웃을 때 역전의 하나님은 또 한번 우리의 헌신을 통해 하나님의 역전을 보여 주셨다.

3

'예수님의 십자가'만이 뒤집힌 이 세상을 바로잡는다

이 시대의 빛과 소금의 역할을 우리 재단이 다 하는 것 같았다. 나는 '보이지 않는 성전'을 만들어 가며 실천하는 우리 덕분에 하나님이 큰 도움을 받고 있다고 착각했다.

2000년 유엔(UN) 189개 회원국 정상이 모였다. 그곳에서 189개 회원국은 아프리카 극빈촌을 살리기 위한 새천년개발목표(MDGs, Millennium Development Goals)를 선언하였다. 유엔은 새천년개발목표를 성취하기 위해 아프리카 극빈촌을 대상으로 '밀레니엄 빌리지'를 선정하고 공중보건, 교육, 농업, 식수, 위생 및 인프라(전력, 통신, 교통 등) 분야에 투자하기로 하고 그 사역을 시작했다.

현재 새천년개발목표 명분하에 에티오피아, 케냐, 나이지리아 등 아프리카 10개국에서 밀레니엄 빌리지 프로젝트를 진행 중이다. 이 모든 사업을 총괄하는 이는 콜롬비아대학교 제프리 삭스 교수이다.

열매나눔인터내셔널(Merry Year International)재단은 콜롬비아대학교 지구연구소 및 MDG 센터와 공동협력사업 계약을 맺고, 아프리카 말라위에서 운영되는 구물리라 밀레니엄 빌리지를 인수하여 2011년 7월 1일부터 2016년 6월 30일까지 5년간 운영하게 되었다. 국제개발협력 분야에서 세계적

으로 인정받는 제프리 삭스 교수 및 콜롬비아대학교 지구연
구소, 유엔 기구와 함께 일할 수 있는 기회를 얻은 것이다.

한국에도 많은 국제 개발 NGO들이 있지만 유엔 MDGs
를 직접 하는 재단은 한국에서 우리 재단이 유일하다. 이런
재단의 활동이 너무도 자랑스럽다. 열매나눔재단 5년의 역
사는 하나님의 은혜 속에 기적이 일어난 것이라 생각한다.

4년 전, 아무도 몰랐던 그 시기를 극복하고 이제는 열매나
눔 기치 아래 사회복지 법인, 외교 통상부 법인, 전문 NGO
컨설팅 회사 그리고 통일부 재단 등 4개의 재단 형태 모습을
갖추고 세상에 나가 활동 중이다. 이런 저런 좋은 일들이 생
겨나면서 나는 열매나눔재단이 세상을 변화시키는 가장 선
한 재단이 될 거라는 착각을 하며 살게 되었다.

그런데 시간이 지나면서 그렇게 자랑하고 잘난 척했던 재
단 아래 공장에서 하나 둘씩 문제가 생겨났다. 어떤 곳은 정
부 자금 사용 원칙을 잘 몰라 사용하지 말아야 할 곳에 사용
했고, 어떤 곳은 지난번 사장이 잘못하고 나가서 그가 잘못
한 것에 대한 행정 심판을 받기도 했다. 사람들에게 자랑하
고 다니면 그 사업은 문제가 생기기 시작했다. 그래서 내 자
랑이 무색해지고 창피해졌다.

반면 아무 자랑도 하지 않은 사업과 공장은 참 잘 돌아간다. '이상하다. 왜 내가 자랑만 하면 그 사업은 어려워질까?'

한 가지를 깨달았다. 나의 교만이었다. 사실 열매나눔재단을 통해 그동안 나는 내가 하나님을 돕는다고 생각했다. 이 시대의 빛과 소금의 역할을 마치 우리 재단이 다 하는 양 우쭐했다. 교회 건물 건축을 포기하고 그래서 어렵고 힘들게 예배 드리는 우리가 너무너무 대단해 보였다. 보이지 않는 성전을 만들어 가는 우리에게 하나님께서 참 많은 도움을 받는다 생각했던 것이다.

그런데, 그게 아니었다.

눈에 보이는 성과를 자랑 말라

하나님께 나의 기도와 도움이 반드시 필요할까? 나의 거룩한 예배가 꼭 필요해서 하나님이 그러한 예배를 요구하시는 것일까? 나의 이러한 사회 선교와 비즈니스 미션 사역이 하나님나라에 필요한가?

아니다. 그분의 '일반 은총' 가운데에는 나의 기도와 도움 그리고 나의 사역과 선교가 필요 없다.

얼마 전 뉴질랜드 코스타 집회에 다녀왔다. 돌아오는 길, 내 영은 충만해 있었다. 힘든 여행에서 돌아온 아빠를 위해 지은이가 안마를 해 준다며 달려들었다.

"어, 그래. 지은아, 그런데 나중에 하면 안 될까? 아빠가 지금은 너무 피곤하네."

그러자 지은이는 이내 입을 씰룩씰룩하더니 눈에서는 금방이라도 눈물이 툭 떨어질 것 같았다.

"아빠는 내가 싫어?"

"아니야, 지은아. 그래, 어디 보자. 우리 지은이 안마가 얼마나 시원한가?"

그러자 지은이는 금세 씩씩해져서 어깨를 주무르기 시작했다. 나는 여덟 살 난 지은이의 안마를 받으며 "아이고, 시원하다"를 연발했다. 정말 시원해서였을까?

사실 시원하지도 않았을뿐더러 지은이가 손가락에 너무 힘을 주어 살을 꼬집으니 아프기까지 했다. 딴에는 정성을 다한다고 그리한 것이다. 그러더니 나중에는 힘이 들었는지 몸으로 안마를 한답시고 내 목 위에 올라타기까지 했다.

"아빠, 시원해요?"

"우와, 너무 시원한데. 아~ 시원~ 하다!"

이때 아내가 한마디 했다.

“지은아, 아빠 힘들다. 빨리 내려와요.”

“아니야! 아빠가 시원하대. 아빠, 정말 시원하지?”

“그럼, 엄청 시원해.”

그 순간 귀한 은혜의 깨달음을 얻었다. ‘아, 하나님나라 건축에서 나의 노력과 헌신은 지은이 안마와 같은 거구나.’

내게 여덟 살 지은이의 안마는 실제로 필요하지 않다. 하지만 나는 지은이에게 더없는 칭찬을 해 주었다. 그러니 지은이는 더 열심히 최선을 다했다. 전혀 시원하지 않은 안마를 열심히 해 준 상으로 나는 지은이에게 좋아하는 냉면까지 사 주었다.

하나님과 나의 사역의 관계도 이와 같다는 깨달음이 왔다. 하나님의 일반 은총에서 나의 헌신과 사역과 예배와 기도는 필요하지 않다. 일반 은총 가운데 하나님은 의인과 악인 모두에게 동일하게 빛과 비를 내려 주시는 은혜를 베푸신다. 그 은총은 내가 기도한다고 내가 사역한다고 변하는 것이 아니다. 그런데 나의 도움과 예배는 필요 없지만 하나님은 나의 기도와 예배를 아버지의 마음으로 기뻐 받으신다. 왜냐하면 나는 그분에게 지은이처럼 사랑하는 자녀이기 때문이다.

그전까지 내가 은혜 받고 기도하면 세상이 변화되는 줄 알았다. 우리 열매나눔재단의 실천을 통해 세상을 변화시킬 줄 알았다. 그런데 내 은혜와 기도로 세상이 변화되는 것이 아님을 깨달았다. 나의 실천으로 세상이 변화되지 않음을 깨달았다. 나의 기도가 나의 예배가 나의 실천과 헌신이 세상을 바꾸는 것이 아니다. 그럼 세상은 어떻게 바꿀 수 있는가?

예수님의 '십자가의 능력'만이 세상을 변화시킬 수 있다.

그럼 예수님의 십자가의 능력을 어떻게 나타내야 하는가? 나를 낮춤으로써 드러낼 수 있다.

하나님의 은혜를 입은 우리가 그 은혜에 감동하여 그분 앞에 더없이 낮아질 때, 나의 낮아짐을 통해 예수님의 능력이 나타나고 그 능력으로 세상이 변화될 수 있다.

은혜 받은 우리의 한없는 겸손이 세상을 바꾸는 것이다. 은혜는 높아짐이 아니요 낮아짐이다. 정말 은혜 받으면 세상에서 낮아져야 한다. 겸손해야 한다. 내가 은혜 받으면 내 잘못을 타인에게 고백하고 용서를 받는 것이다. 한없이 나의 결점을 드러내는 것이 은혜이다. 그것이 능력이다.

우리가 은혜 가운데 낮아지면 내 안에 계신 예수님이 드러난다. 우리가 세상에서 겸손해지면 그 겸손을 통해 예수님이 드러난다. 우리의 높음은 예수님의 낮음이요, 우리의 낮음은 예수님은 높음이다. 우리는 '높은뜻 열매나눔'이다. 그렇기 때문에 열매나눔재단은 한없이 세상에 낮아져야 한다. 우리가 추구하는 '높은뜻'은 우리의 낮음을 통해 예수 그리스도의 높음을 드러내는 것이다. 그렇기 때문에 열매나눔재단과 우리 높은뜻교회들은 자랑할 것이 없어야 한다.

'교회 성전 짓지 않는 게 뭐 자랑이냐? 가난한 이들을 돕는 것이 무엇이 자랑이냐? 얼마나 세상에 자랑할 것이 없으면 마땅히 믿는 자들이 행하는 일을 가지고 자랑할 수 있을까?' 그리 생각하는 것이 바로 높은뜻이다.

오히려 실천을 통해 끊임없이 낮아지는 것을 자랑해야 한다. 그렇기 때문에 우리 믿음의 사람들은 예수님만을 높이고 자랑해야 한다. "나더러 주여 주여 하는 자마다 다 천국에 들어갈 것이 아니요 다만 하늘에 계신 내 아버지의 뜻대로 행하는 자라야 들어가리라"(마 7:21)는 말씀처럼 입으로 '주여, 주여' 하고 외치듯이 높은뜻을 외치는 것은 높은뜻이 아니다. 아버지의 뜻대로 행하는 것이 낮아짐이며, 그 겸손 속에 하나님을 드러내는 것이 높은뜻이며, 그것이 열매나눔재단이 도전할 사명이다.

4

한 끼의 진수성찬 대신 '진짜 희망'을 먹여 주라

도움을 준 사람의 의사와 상관없이 어떤 도움은 죽음을 부른다. 도움이 필요한 상대방의 환경을 잘 보고 주어야 진짜 도움이 된다.

"따르릉~ 따르릉~"

가을이 깊어가던 어느 새벽녘, 한 통의 전화가 걸려 왔다.

"여보세요. 네, 알겠습니다. 지금 가지요."

간경화로 입원해 계시던 기철이 아저씨가 돌아가셨다는 전화였다. 옷을 챙겨 주던 아내의 눈시울이 붉어졌다.

"괜찮아. 이보다 더 좋은 하늘나라 갔잖아. 행복할 거야."

"그죠? 그럴 거예요. 그렇죠?"

아내는 끝내 울음을 터뜨리고 말았다.

아내를 보듬어 안았다. 하지만 천장을 바라보는 내 얼굴에서도 어느새 볼을 타고 눈물이 흘러내렸다. 그냥 울면 되는 것을, 참 우린 바보 같다.

기철이 아저씨는 처음 나사로의집을 만들 때부터 가까이서 우리를 도왔던 쪽방 식구다. 아저씨는 가난하지만 참 열심히 사셨다. 기철이 아저씨는 어린 시절 고아로 자랐다. 가난한 시골 동네의 한 고아원에 있다가 이곳저곳 전국을 떠돌아다니게 되었고, 그러다 서울역 양동에 올라와 자리를 잡은 것이다. 기철이 아저씨는 양동에서 집창촌 아가씨들의 심부름을 해 주며 받은 돈으로 근근히 삶을 꾸려 왔다. 과거 양동에 사람이 많아 제법 호황(?)일 때는 기철이 아저씨도 잘 나갔다고 한다. 하지만 시간이 흘러 개발과 함께 집창촌이 사라지자 기철이 아저씨도 삶이 어려워졌다.

아저씨를 처음 만난 건 서울역 앞에서다. 술에 잔뜩 취해 쓰러져 있는 아저씨를 데려다 씻기고 먹을 것을 주었는데, 그것을 계기로 우리는 친해졌다. 나는 기철이 아저씨를 통해 쪽방을 이해해 갔고, 기철이 아저씨는 나를 통해 살려는 의지를 키워 갔다.

아저씨와 나는 고물상 사업을 구상했다. 나는 기철이 아저씨를 돕기 위해 구상한 것이었는데, 기철이 아저씨는 나사로의집을 돕기 위해 생각해 낸 것이라 했다. 여하튼 우린 작은 공터를 얻었고, 둘이 같이 다니며 박스와 빈병을 주워 모았다. 빈병과 종이가 돈으로 바뀌는 것도 재미있고, 하나하나 줍고 또 줍는 것도 재미있었다.

마치 어린 시절 보물찾기라도 하듯 큰 종이라도 발견할라치면 그렇게 기분 좋을 수가 없었다. 그래서 한번 고물과 종이를 찾아 나서면 몇 시간은 금세 지나 버렸다. 하루 열심히 주우면 그날 방세가 해결되고 어느 정도 용돈도 생기기에 기철이 아저씨와 무지 열심히 일한 기억이다.

그런데 기철이 아저씨가 어느 날부터 고물상에 나오지 않았다. 이상했다.

"순곤이 아저씨, 기철이 아저씨 요즘 왜 안 보여요?"

"아, 그 양반. 저기 산골집에 가 봐. 아마 오늘도 술에 절어 있을걸."

알려 준 곳을 찾아가 보니 기철이 아저씨는 술에 취해서는 밥상에 엎드러져 잠들어 있었다.

"아저씨! 기철이 아저씨! 일어나 봐요."

"음, 작은목사님이구나. 이런, 내가 조금 취했네. 미안해요. 미안해요. 미안해요."

"아저씨 집에 가요, 어서."

"그래, 갑시다. 하하하 … 문 씨, 내일 또 올게."

"어휴, 이제 오지 마요. 소장님, 그 양반 술 취하면 여기 못 오게 해요. 저러다 죽어요, 죽어."

작은 쪽방에 기철이 아저씨를 모셔다 놓고는 대체 돈이 어디서 나서 술을 먹었는지 궁금해 산골 식당에 다시 찾아가 아주머니에게 혹시 아시는지 물어보았다.

"어휴, 나야 외상값 다 받아서 좋긴 한데. 저 양반 저러다 술 때문에 죽어. 죽어요."

"무슨 말씀이세요? 제가 알기로는 요즘 일도 안 나와 돈도 없을 텐데. 외상값을 다 갚다니 어디서 돈이 났답니까?"

"얼마 전에 저 양반 아는 사람이 찾아왔는데, 예전에 공주에서 기철 씨가 그 사람 많이 도와주었나 봐. 왜 얼마 전에 기철 씨가 쪽방촌 관련해서 텔레비전에 나온 걸 그 사람이 보고는 찾아온 거야. 그렇게 와서는 예전 은혜를 갚는다고 500만 원을 줬다 하더라고."

"예? 500만 원이요?"

500만 원이면 이곳에서 3년치 방세였다. 실로 어마어마한 돈이었다.

"그 뒤에 외상값 다 갚고 나서 매일 술만 먹는데…. 이젠 돈도 싫고 이러다 여기서 송장 치르는 건 아닌가 걱정이야. 제발 저 사람 더 이상 술 먹지 못하게 좀 해 줘요."

기철이 아저씨는 험한 세상 홀로 고아로 자랐지만 사람이 참 착하다. 무엇을 어떻게 도왔는지 들을 순 없었지만 아마 젊은 시절 큰 도움을 주셨으리라. 그 고마움을 잊지 않고 찾아와 선뜻 큰돈을 건넨 분이 사뭇 궁금했다.

그 뒤에도 기철이 아저씨는 몇 날 며칠 술에 취해 살았다. 매번 술 드시지 말라고 말렸고, 그러면 아저씨는 미안하다고 미안하다고 하면서도 또 몰래몰래 마셨다. 아저씨는 정말 원 없이 술을 마음껏 사 드셨다. 원래 간경화를 앓는 분이라 근래 술을 끊었던 것인데, 큰돈이 생기니 먹고 싶은 술을 도저히 참을 수 없으셨던가 보다. 그러다 결국 술집에서 쓰러졌고, 병원에서 투병 중이었다.

병원에 도착하여 시신을 확인했다. 죽음의 고통으로 힘드셨을 텐데, 기철이 아저씨는 왠지 나를 보고 웃는 듯했다. "작은목사님, 제 걱정 마세요. 목사님 알려준 대로 하나님 믿었으니 천국에 갈 거예요" 하고 이야기하는 것 같았다.

일가친척이 전혀 없는 터라 구에서 시신을 처리하는 게 원칙이지만 그렇게 보낼 수 없어서 나는 구청에 가 기철이 아저씨 장례를 나사로의집에서 맡아 하겠다고 했다. 고아인 것을 증명한 서류 외에 몇 장의 서류를 더 작성한 뒤 우리는 교회장으로 아저씨 장례를 치렀다. 기철이 아저씨를 벽제 시립묘지에 모시는 날, 나는 쪽방 주민과 함께 장례를 집례했다.

세상은 참 재미있다. 기철이 아저씨가 너무 고마워서 그분을 찾아와 도움을 준다고 준 그 돈이 오히려 기철이 아저씨 생명을 앗아 갔다. 도움을 준 사람의 의지와 상관없이 그 도움이 죽음을 가져다준 것이다.

기철이 아저씨를 도와준 그분은 아저씨를 도와주었다고 마음이 참 편할 것이다. 하지만 자신이 준 그 돈이 기철이 아저씨를 죽게 했다는 것을 알면 얼마나 충격이 클까? 그러면서 나를 돌아보았다. 혹시 나도 이런 도움을 다른 사람에게 준 적이 없을까? 생각이 거기에 미치자 갑자기 섬뜩해졌다.

선의로 베푸는 도움도, 상대의 환경을 잘 보고 주어야지 그렇지 않으면 되레 상대에게 독이 될 수도 있었다. 그러고 보니 우리의 구제 사업이 많은 부분 그런 것 같았다. 아프리카를 반세기 동안 구제하고 도움을 주었지만 결국 아프리카는 원조와 외부의 도움으로 더 황폐해졌다. 그리고 그들을 지원한 그 돈은 그들을 사회복지형 인간으로 만들어 버렸다.

구제는 필요하다. 하지만 우리의 작은 도움이 그들에게서 자활 의지를 앗아 갈 수 있음을 알아야 한다. 가난한 이분들에게는 맞춤형 도움이 필요하다.

돌아오는 길에 하나님께 기도했다.

"하나님, 기철이 아저씨 제가 갈 때까지 재밌게 해 주세요."

부모 사랑을 못 받은 터라 아마도 기철이 아저씨는 "아빠 아빠" 하며 하나님 아버지께 칭얼대며 매달려 있을 것 같다. 그렇게 생각하니 기철이 아저씨의 죽음이 왠지 슬프지만은 않았다. 오히려 이상하게 좋게도 보였다. '그래. 힘들어서, 이 땅에서 너무 힘들어서 그리고 외로워서 아저씨도 하나님 곁으로 가기를 원했을 수도 있을 거야.'

나사로의집을 만나기 전까지는 아무런 소망이 없었다. 하지만 천국의 소망을 품은 뒤로는 참 기쁘게 살았다. 아마도 그래서 "괜찮아요, 작은목사님. 전 괜찮아요"라고 이야기하는 듯한 얼굴로 하나님 곁으로 간 것 같다.

"하나님, 맞지요?"

때로는 긍휼한 마음이 독이 된다

얼마 전 한 장의 마음 아픈 사진을 보았다. 아프리카에서 어느 엄마가 죽은 아이를 땅 속에 두고 멍하니 바라보는 장면이었다. 사진 속에서 죽은 아이와 살아 있는 엄마는 공통된 점이 있었다. 살아 있는 엄마와 죽은 아이 모두 굶주림과 병에 시달린 모습이라는 것이다. 단지 아이가 눈을 감고 있는 것을 통해 그 아이의 죽음을 예측할 뿐 이 두 사람은 거의 차이가 없이 기근에 시달려 보였다.

사역자의 눈으로 보면 볼수록 마음이 아프고 눈물이 나는 사진이다. 하지만 내가 마음이 아프고 눈물이 나는 것은 그들이 불쌍해서도 있지만 그보다 더 마음이 아팠던 것은 이들의 아픔과 슬픔 특히 자녀 잃은 그 아픔을 활용하여 후원금을 모금하는 그런 모습 때문이었다.

개발 NGO 단체는 구제나 개발 사업을 위해 자금이 필요하다. 그래서 자금을 구하기 위해 후원을 일으키고 현장의 사역을 이야기함으로써 후원자에게 참여를 독려한다. 이러한 후원 모금은 비영리 단체들에게 절대적으로 필요하다. 그리고 현장의 아픈 사정을 알려 줌으로써 그 아픔을 공유하는 것 또한 필요하다.

하지만 '그 아픔을 공유하기를 원한다'라고 말하기에는 현장의 사진들이 너무 처참하고 끔찍하다. 나는 예전 상봉이 아저씨의 죽음을 통해 처참하게 썩어 가는 육신을 본 적이 있다. 그때 내가 만난 아저씨의 죽음에는 태초에 하나님이 창조하신 인간의 존엄성이 없어 보였다.

인간은 모두 존엄한 존재이다. 하나님 형상으로 지어진 존엄한 존재이다. 그런데 해외 개발 NGO들이 사용하는 이러한 사진에는 인간의 존엄성이 없어 보인다. 해외 개발 NGO들은 요즘 거의 이들의 아픔과 절망과 목숨을 담보로 후원금을 달라고 요구한다. 보다 더 자극적인 것들을 찾아내 다른 NGO 단체보다 더 자극적이고 더 처참하게 죽어 가는 현장을 구하려고 혈안이 되어 찾아다닌다.

"목사님, 조금 더 처참한 모습이 없을까요? 요즘엔 이 정도 가지고는 사람들이 반응을 하지 않아요. 보다 더 자극적이고 그런 것들이 필요한데…"라고 이야기하던 어느 방송 PD가 생각이 난다. 이들에게 희망을 보여 주어야 할 단체들이 이들의 절망을 이용하는 것이다.

15년 동안 쪽방, 노숙인, 탈북자, 아프리카, 베트남, 인도 등 가난한 사람들과 함께했다. 그래서일까? 나는 아프리카 등 제3세계의 현실을 너무도 잘 안다. 지금 현재 내가 사역하는 나라는 아프리카 중에서도 정말 더 가난하다고 말하는 말라위이다.

이 나라는 정말 가난하다. 아시아 최빈곤국 가운데 하나인 북한의 평균 수명이 68.4세이다. 그런데 말라위의 평균 수명은 39세이다. 말라위는 아프리카 44개국 가운데 모성 사망률이 7위이기도 하다. 출산 10만 건 기준으로 북한은 370명의 사망률이지만 말라위는 1,100건의 사망률을 보인다. 5세 이하 아동 사망률도 천 명 기준으로 북한이 32건이면 말라위는 110건이다. 그만큼 말라위는 아프리카 중에서도 더 열악하고 더 가난한 나라이다.

우리가 섬기는 말라위에는 죽음으로 고통 받는 사람이 없을까? 결론부터 말하면 '너무 많다.' 지난 2월 말라위에 들어갔다. 말라위의 2월은 우기이며 일명 보릿고개이기도 하다. 2월부터 4월까지가 우기인데, 이들은 그 시기에 옥수수 농사를 지어서 비 한 방울 나오지 않는 건기에 식량으로 사용한다. 하지만 한 철 농사해서 1년을 먹기란 쉽지 않다. 그래서 보통 1, 2월부터는 모든 식량이 다 떨어져서, 다시 농사가 되어 작물을 수확하는 4월까지 먹을 것이 없어 굶주리는 보릿고개를 겪는 것이다.

이 보릿고개 시기에 열매나눔 센터에 한 여인이 찾아왔다. 찾아온 여인의 행색은 매우 초라했다. 그리고 이 여인의 왼쪽발이 보이지 않았다. 이 여인은 오른쪽 발을 이용해 목발을 짚고 우리를 찾아온 것이었다. 나중에 알아보니 남편과 사별하고 그 몸으로 아이 셋을 키우는데, 먹을 것이 없어

1월부터 거의 굶은 통에 가족 모두가 죽기 일보 직전이었다고 한다. 너무나 어렵고 힘든 상황에 처해 있기에 우리를 돕고 있는 다우민 선생(현지인으로 우리를 돕는 분)이 이들 가족을 살려 달라고 이상진 팀장(현지 말라위 팀장)에게 부탁을 한 것이었다.

다우민 선생은 우리 재단의 성격을 잘 안다. 우리 재단은 자립을 위한 사업을 하기 위해 들어온 단체로 다른 단체처럼 빵을 주고 옥수수를 주고 하지 않는다는 것을 안다. 그렇기 때문에 다우민 선생도 조심스럽게 이상진 팀장에게 사정을 자세히 이야기하고 도움을 요청한 것이었다.

정상적인 인간이라면 당장 죽을 사람을 돕지 않을 사람은 없다고 나는 생각한다. 당연히 그런 위기의 가정은 도와야 한다. 하지만 도움에도 원칙이 있다. 도우려고 하면 그 여인과 같은 형편의 사람들 모두를 동시에 다 같이 도와야 한다. 그게 원칙이다. 누구는 돕고 누구는 돕지 않으면 그 원칙이 무너지고 그 원칙이 무너지면 신뢰가 무너진다. 신뢰의 붕괴는 곧 사역의 붕괴로 이어진다.

우리는 복지의존형 인간의 모습을 없애고자 당분간은 직접적인 옥수수 배분이나 밀가루 배분 사업을 하지 않기로 했다. 그게 우리가 세운 1단계 ‘자립의 원칙’이었다. 하지만 우리의 원칙을 깰 때가 있다. 그것은 생명이 위급한 경우이다. 원칙보다 생명이 우선이다. 이것은 대원칙이다.

그래서 이상진 팀장이 택한 것은 남들 몰래 도와주는 것이었다. 일반 NGO 단체들은 도움을 주고 그것을 증명하기 위해 사진을 찍고 홍보를 한다. 그런데 우리는 도움을 주어도 몰래 도와주어야 한다. 더 이상 그들을 ‘복지의존형’ 사람으로 만들 수 없기에 어떻게 하든지 스스로 일어날 수 있도록 하기 위해서 우리는 마음이 아프지만 매번 원칙을 지켜 나갔던 것이다.

그래서 우린 생명이 위급한 가정에게는 밤에 홍길동처럼 밀가루를 몰래 두고 오는 일들을 했다. 그리고 그런 역할을 다우민 선생이 맡아 했다. 그런데 이날 우리 MDG 본부를 찾아온 여인은 조금 이상했다. 우리를 보더니 대뜸 감사하다고 눈물을 흘렸기 때문이다. 살려 주어서 고맙다고 눈물을 흘렸다. 비밀이 새 나간 것이다. 정보가 유출된 것이었다.

나중에 확인해 보니 다우민 선생이 밀가루 한 포대를 몰래 놓고 오다가 이 여인과 맞닥뜨리고 말았다고 한다. 홍길동은 홍길동인데 곰 같은 홍길동이 걸려 버린 것이다.

처음에는 누가 주었냐는 물음에 다우민 선생은 모른다고
부인하였으나 너무 집요하게 묻기도 하고 또 자신이 생각하
기에 이것은 알려 주어도 무방하다고 생각하여 우리 재단이
그런 것이라고 알려 주었다고 한다. 나름 다우민 선생은 우
리 재단을 자랑해 주고 싶었던 것 같다.

이상진 팀장은 감사 인사를 하는 여인에게 계속 같은 이야
기만 반복했다. "우리는 그런 것을 전해 준 적이 없습니다.
그러니 돌아가세요."

더없이 냉정하게 이야기했음에도 이미 모든 것을 안 여인
은 오랜 시간이 지나도록 돌아가지를 않았다. 우리가 감사
인사를 받기 전까지는 가지 않을 기세였다.

이상진 팀장은 화난 얼굴로 다우민 선생을 찾았다. 그리고
내가 보는 앞에서 엄청 크게 화를 냈다. 우리가 전해 주는 것
을 아무도 모르게 하라고 하였는데 그것을 알려 준 것에 대
하여 엄청 화를 낸 것이다. 그리고 다시 이런 식으로 우리 말
따르지 않으면 당장 우리 일 그만두게 하겠다고 협박도 했
다. 그리고 아주머니에게 돌아가 다시 냉정하게 이야기했다.

"아주머니, 밀가루는 우리가 준 것이 아니고 누군가 아주
머니를 보고 전해 주라고 해서 그냥 전달만 한 겁니다. 그러

니 우리에게 감사해 하지 말고 돌아가세요. 그리고 우리도 바빠요. 아주머니 같은 분들 도울 시간이 없는 사람들입니다. 그러니 다시 오지 마세요."

결국 거짓말까지 하고서야 여인을 돌려보냈다.

한쪽(말라위 여인)은 도와주어서 고맙다, 한쪽(열매나눔재단)은 안 도와주었다, 또 한쪽(다우민 선생)은 재단을 홍보해 주었다고 욕 먹고…. 이 상황이 우리 재단의 성격이다.

이곳의 보릿고개에는 각 가정에 밀가루 한 포대면 한 달 생활이 가능하다. 우리가 책임진 마을 전체 사람이 7천 명이다. 그러면 간단하게 밀가루 3,500포대면(2인 기준) 전체 마을 사람들이 적어도 굶어 죽지 않고 잘 지낼 수 있다. 하지만 수십 년 동안 이런 지원이 이들을 지금의 모습으로 만들어 버렸다.

수십 년 동안 이들은 자립할 필요가 없었다. 죽기 전에 언제나 새로운 도너들이 나타났고 새로운 도너들이 오면 자신들의 굶주림을 보고 지원하는 것을 보고 그들은 나름대로 복지의존형 인간으로 살아가는 훈련을 받은 것이다. 그래서 어떻게 보면 현재의 아프리카, 즉 굶주림의 그 모습은 그들을 돕겠다고 나선 일반 구호 NGO들의 지원들이 만든 것이라고 생각한다.

그동안 해외 다른 재단을 통해 말라위에 수조 원이 투입되었다. 그러나 그곳에는 아직 변변한 농기구 하나도 없다. 매번 먹을 것만 주었고 필요에 반응하여 그들을 먹여 살렸다. 이건 아니다. 이건 이들을 죽게 하는 것이다. 우리의 긍휼한 마음이 이들에게 독이 될 수 있다는 것을 사람들은 모른다.

'살리는 도움'을 주라

우리는 재단은 몰래 죽어가는 사람들은 돕는다. 소리 소문 없이 홍길동처럼 그들을 돕는다. 하지만 죽기 바로 직전까지 도와주지 않는다.

우리가 이곳에서 진행하는 것은 이들이 5년 안에 스스로 '자립'할 수 있도록 만들어 주는 것이다. 그래서 당장 먹을 것을 주고 하는 것이 아닌 자립 타운을 짓고 있다. 개발을 하고 있다. 농기구 뱅크를 만들고, 댐을 건설하여 1회만 가능한 농업을 건기에도 가능할 수 있도록 진행 중이다.

우리도 일반 NGO 개발 사역을 한다. 하지만 우리 목적은 우리 없이 이들 아프리카 사람들이 자활하는 것이기에 그것에 초점을 맞추고 일을 해 나간다.

협동조합을 만들어 농업의 혁신을 위해 7천 명이 혜택을 받는 농사를 진행하고 있다. 농작물을 판매하고 가공하고 저장하는 사회적 기업을 만들고 있다. 마이크로 파이낸스를 통해 자립할 기반을 만들어 갈 수 있는 터전을 준비하고 있다. 어린아이와 청·장년의 교육을 위한 학교를 만들고 있다. 당장 먹고 살 옥수수 가루도 중요하지만 궁극적으로 이런 일들이 이들을 살리는 것이다.

아프리카에 분명 원조는 필요하다. 우리나라도 가난한 그 시절 외국에서 주는 원조를 통해 먹고 살았다. 하지만 아프리카에서 더 필요한 것은 절망이 아닌 희망의 메시지이다. 이들에겐 죽음보다 더 큰 희망을 보여 주어야 한다. 비록 후원이 줄어든다 할지라도 우리부터 이들에게 희망을 보여 주는 그림을 보여 주어야 한다.

사람들이 나를 찾아와 간혹 질문을 한다. "목사님, 우리는 왜 보릿고개 기간에 굶주린 이들에게 쌀 보내기, 옥수수 보내기를 하지 않습니까?"

나는 이 말이 너무 답답하다. 나도 주고 싶다. 아니 도와주고 싶다가 아니라 당장 내 마음 같으면 모두 입양해서 내가 모시고 살고 싶다. 하지만 그럴 때마다 그 옛날 기철이 아저씨의 죽음이 생각이 난다. 나는 안다. 나의 작은 도움이 내 의도와 상관없이 이들 아프리카를 죽일 수 있다는 것을 말이다.

그렇기 때문에 나는 '지금은 때가 아니다'라고 스스로 최면을 건다. 돕고 싶어도 참으라고 내 자신에게 이야기한다. 이들을 살리는 길은 당장의 옥수수가 아닌 자립의 기반이며 홀로 서려는 그 마음가짐인 것을 알기에 그것을 위해 나의 충동을 참으라고 스스로에게 이야기한다.

많은 NGO들이 우리 홍보물을 보며 진심을 담아 충고해 줄 때도 있다. "목사님, 죽고 아프고 쓰러지고 파묻어야 후원금이 몰려오지. 이렇게 공장에서 밝게 웃고 있으면 후원금은 들어오지 않아요."

나도 안다. 하지만 나는 재단을 운영하기 가장 쉽고 넓은 길이 있음에도 불구하고 언제나 그렇듯이 그 길을 포기하였다. 어렵지만 우리 재단에서 돕는 아프리카 사람이나 탈북자들은 늘 밝고 건강하게 일하는 모습을 보여 줄 것이다.

그러나 역시 공장에서 일하는 모습, 아프리카 밭에서 일하는 모습 등을 보여 주면 뜻이 좋다고 말들은 하지만 후원금은 들어오지 않는다. 그래도 우리는 우리가 믿는 신념과 신앙의 양심, 그리고 주님이 주신 사명으로 그 길을 지켜 나갈 것이다. 이것이 '좁은 길'이다.

나는 오늘도 좁은 길에서 일하시는 하나님을 기대하며 소망한다. 우리가 주님 때문에 좁은 길을 걸으면 지금 당장은 어려워 보이고 힘이 들겠지만 때가 되면 하나님께서 그 길을 반드시 넓혀 주실 것을 나와 우리 재단 식구들은 믿는다. 지금 당장은 어렵지만, 이 아프리카 사역에도 분명 내 평생 함께하신 역전의 하나님께서 일하실 것이다! 할렐루야!

몇 년 전, 어느 출판사가 내 삶을 책으로 내보자고 제안해 왔다. 글을 쓰느라 몇 달 동안 두문불출한 적이 있다. 하지만 쓰고 나면 '이게 아닌데' 또 쓰고 나면 '이게 아닌데' 싶었다. 너무 멋이 들어가고, 너무 감정이 들어가고, 너무 교만해진 글을 보면서 '내가 이 정도 인간이었던가' 하는 자괴감까지 들곤 했다. 그래서 결국 책을 완성하지 못하고 출판사와의 약속을 어기고 말았다.

수년이 흐른 지금, 코스타 집회에서 만난 김길 목사의 권면에 힘입어 지난 6년 동안 코스타에서 한 설교와 강의를 묶어 보았다. 그냥 원고 자체를 묶어 보았더니 책이 되었다. 그렇게 쓰려고 해도 쓰지 못한 것을 나는 이미 지난 6년 동안 코스타를 통해 전 세계를 다니며 강의하고 설교하면서 책을 쓰고 있었던 것이다.

주님의 방법은 항상 이런 것 같다. 나도 모르게 하나님의 계획과 섭리 안에 나는 늘 존재했다. 그리고 그 열매는 ‘주님의 때’가 되면 주님께서 직접 열매를 드러내 주셨다.

이 책은 나의 첫 자녀와 같다. 열 달의 시간을 거쳐 때가 차매 나온 첫 장자와도 같다. 그래서 너무 애착이 가지만 한편으로는 처음 써 본 책이라 아쉬움도 많다.

책을 정리하면서 최대한 노력한 것은 나를 드러내지 않는 것이었다. 내가 낮아져야 내가 숨겨져야 예수님이 드러난다는 것을 알기에 최대한 나를 드러내지 않고 싶었다. 그런데 쓰다 보면 또 내가 불쑥 드러나고, 또 쓰다 보면 내가 툭 튀어나왔다.

초안을 잡고 두 달 동안 가장 열심히 노력한 것은 어떻게 하면 잘 쓰냐가 아니라 어떻게 하면 나의 교만과 자랑을 뺄 수 있느냐였다. 결국 내 교만을 벗어내고 나를 낮추어 예수님을 드러내려고 노력한 나와의 작은 싸움을 글을 정리하는 동안 했던 것이다.

이 책을 한마디로 정리한다면 지난 15년간 나를 향한 하나님의 계획하심을 보여 준 '삶의 보고서'라 할 수 있다. 15년을 한 권으로 묶어 삶을 정리해 보니 이토록 철저하고 정확하게 지금의 나를 이끈 하나님의 계획에 소름이 끼쳐 왔다. 이 글을 쓰면서도 뒷머리가 전기에 감전된 듯한 느낌이 든다.

내 인생에 우연히 무엇이 된 그런 일들은 전혀 없었다. 너무 힘들어 하나님을 원망했던 과일 장사의 시간을 통해 지금의 나를 만드셨고, 두 번의 좁은 길의 결단을 통해 믿음을 보시고 바로 연이어 높은뜻숭의교회와 열매나눔재단을 허락하셨다. 상봉이 아저씨의 죽음과 그 외 수많은 죽음을 통해 가난을 알고 그분들의 마음과 하나님의 아파하심을 현장에서 보았고 그 사건에 증언자로 남았다.

예수님을 배신한 베드로가 생각이 난다. 닭이 울기 전까지 예수님을 세 번이나 부정한 베드로. 그에게는 더 이상 용서받을 기회가 없었다. 내가 상봉이 아저씨에게 용서 받을 기회가 없는 것처럼 그도 기회가 없었다. 예수님이 죽으신 것이다. 좌절하고 괴로움에 사로잡혀 평생 죄책감에 살아갈 베드로에게 예수님이 찾아오셨다. 그리고 그에게 똑같은 질문을 세 번이나 물으셨다.

"요한의 아들 시몬아, 네가 이 사람들보다 나를 더 사랑하느냐?"

예수님이 베드로에게 요구한 것은 그의 궁색한 변명이 아니었다. 예수님이 그에게 요구한 것은 딱 하나였다. '이 모든 것보다 나를 더 사랑하느냐?' 하는 것이었다.

이때 베드로는 이야기한다.

"예, 주님! 내가 주님을 사랑하는 줄 주님께서 아십니다."

베드로의 대답도 단순하다. 사랑한다는 것이다. 이 모든 것보다 주님을 더 사랑한다는 것이다. 그것이 다이다. 예수님이 베드로에게 말씀하신다. "내 양을 치라. 내 양을 먹이라."

이 책을 끝내며 다시 한번 나는 나 자신에게 물어본다.

"범석아, 이 모든 사람들보다 이 모든 것보다 예수님을 더 사랑할 수 있니?”

　나는 아직도 두렵고 떨린다. 아직도 자신이 없다. 베드로도 연약함으로 넘어가지 않았는가? 하지만 그럼에도 나는 이야기하고 싶다.

　“예, 주님. 내가 주님을 사랑하는 줄 주님께서 아십니다.”

　주님도 인정하시는 그 사랑, 내가 가지고 싶고 소망하는 사랑이다.

　이제 이 책을 세상에 내보낸다. 처음 아이를 세상에 내어 놓는 그 심정으로 세상에 내보내며 바라는 것이 있다. 나는 이 글을 통해 지금 현재 어떤 모습이든지 고난을 만나 힘든 분들에게 그 고난과 고통 속에서도 주님의 계획과 섭리가 있음을 증거하고 싶다.

또한 이 글을 통해 나는 조금 더 잘 사는 분들이 조금 더 어렵게 살아가는 이웃의 아픔을 간접적으로나마 체험하고 알기를 희망한다. 그리고 이제는 그들의 아픔을 아는 것으로 끝나지 말고 작게라도 이 땅의 고아와 과부와 나그네들의 아픔을 돌아보며 살펴보아 주길 소망한다.

마지막으로 세상이 주는 온갖 두려움으로 인해 주님의 길을 걷지 못하는 이들에게 생명의 길은 좁은 길이요 사망의 길은 넓은 길이었음을 내 삶을 통해 증거하고 싶었다. 그리고 모든 분들에게 살아 계신 역전의 하나님, 반전의 하나님을 이야기하고 싶었다.

내가 15년 동안 만난 다른 세상에서도 우리 주님께서 늘 나와 함께하신 것처럼, 이 책을 읽는 모든 이들에게서도 동일하게 나와 같은 간증을 듣게 되길 소망하며 축복한다.